U0504330

福建省服務海西重大研究項目、國家社科基金重大項目子課題

馬重奇◎主編

《擊木知音》整理及研究

馬重奇◎編著
江夏懋亭氏◎原著

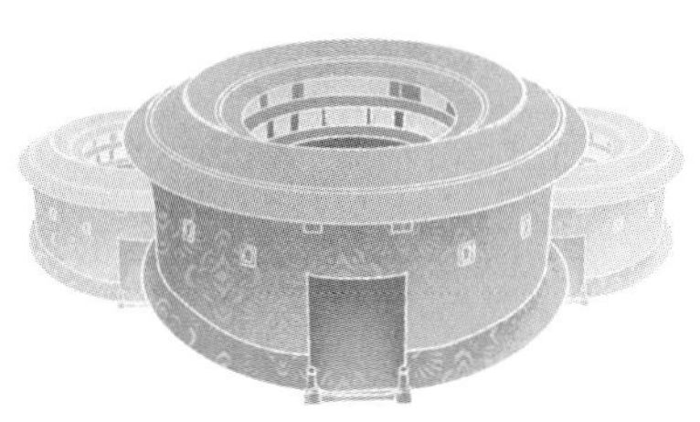

中国社会科学出版社

圖書在版編目（CIP）數據

《擊木知音》整理及研究／馬重奇编著．—北京：
中國社會科學出版社，2022.4
（清代民初閩方言韻書整理及研究叢書）
ISBN 978－7－5203－9750－6

Ⅰ.①擊…　Ⅱ.①馬…　Ⅲ.①閩南話—韻書—研究
Ⅳ.①H177.2

中國版本圖書館 CIP 數據核字（2022）第 027911 號

出 版 人　趙劍英
責任編輯　張　林
特約編輯　張　虎
責任校對　周曉東
責任印製　戴　寬

出　　版　中國社會科學出版社
社　　址　北京鼓樓西大街甲 158 號
郵　　編　100720
網　　址　http://www.csspw.cn
發 行 部　010－84083685
門 市 部　010－84029450
經　　銷　新華書店及其他書店

印刷裝訂　北京明恒達印務有限公司
版　　次　2022 年 4 月第 1 版
印　　次　2022 年 4 月第 1 次印刷

開　　本　710×1000　1/16
印　　張　15.75
插　　頁　2
字　　數　261 千字
定　　價　96.00 元

總　序

馬重奇

一　中國古代韻書源流與發展概述

古人把傳統語言學叫做“小學”。漢代稱文字學為“小學”，因兒童入小學先學文字，故名。隋唐以後，範圍擴大，成為“文字學”“音韻學”和“訓詁學”的總稱。至清末，章炳麟認為小學之名不確切，主張改稱“語言文字之學”。現在統稱為“漢語研究”。傳統的語言學以研究古代文獻和書面語為主。

漢語音韻學研究也有一個產生、發展、改革的過程。早在先秦兩漢時期就有關於字詞讀音的記載。主要有以下諸類：（1）譬況注音法：有急言、緩言、長言、短言、內言、外言等。它們都是大致描繪的發音方法，卻很難根據它準確地發出當時的音來，更無法根據它歸納出當時的音系。（2）直音法：隨著漢代經學的產生和發展，注釋家們在為先秦典籍下注解時開始使用“直音”法。這是以一個比較常用的字給另一個同音字注音的方法。直音法的優點是簡單明瞭，一看就懂，也克服了譬況注音法讀音不確的弊病，但自身也有很大局限性。（3）讀若，讀如：東漢許慎在《說文解字》中廣泛應用的“讀若”，就是從直音法發展而來的。“讀若”也叫“讀如”，主要用於注音。用讀若時，一般用一個常見的字進行解釋，有時常常引用一段熟悉的詩文，以該字在這段詩文中的讀音來注音。（4）反切法：真正的字音分析產生於東漢末年，以反切注音法的出現為標誌。反切就是利用雙聲、疊韻的方法，用兩個漢字來拼另一個字的讀音。這是古人在直音、讀若基礎上進一步創造出來的注音方法。反切是用兩個字拼合成另一個字的音，其反切上字與所切之字聲母相同，反切下字與所切之字韻母和聲調相同。即上字取聲，下字取韻和調。自從反切出現之後，古人注釋經籍字音，便以它為主要手段。編撰韻書，也大量使用反切。

四聲的發現與歸納，對韻書的產生與發展也起著極為重要的作用。據《南齊書・陸厥傳》記載："永明末盛為文章，吳興沈約、陳郡謝朓、琅邪王融，以氣類相推轂。汝南周顒，善識聲韻。約等文皆用宮商，以平、上、去、入為四聲，以此制韻，不可增減，世呼為永明體。"《梁書・庾肩吾傳》："齊永明中，文士王融、謝朓、沈約文章始用四聲，以為新變，至是轉拘聲韻，彌尚麗靡，複逾於往時。"四聲的發現與歸納以及反切注音法的廣泛應用，成為古代韻書得以產生的基礎條件。

古代韻書的出現，標誌著音韻學真正從注釋學中脫胎出來成為一門獨立的學科。據考證，我國最早的韻書是三國時魏國李登所撰的《聲類》。在隋朝陸法言《切韻》以前，就有許多韻書出現。據《切韻・序》中說："呂靜《韻集》、夏侯詠《韻略》、陽休之《韻略》、周思言《音韻》、李季節《音譜》、杜台卿《韻略》等，各有乖互。"《隋書・經籍志》中也提到：《四聲韻林》二十八卷，張諒撰；《四聲韻略》十三卷，夏侯詠撰，等等。遺憾的是，這些韻書至今都蕩然無存，無法窺其真況。總之，韻書的製作到了南北朝的後期，已是空前鼎盛，進入"音韻鋒出"的時代。這些韻書的產生，為《切韻》的出現奠定了很好的基礎和條件。隋代出現的對後世影響最大的陸法言《切韻》則是早期漢語音韻學的集大成之作。爾後，唐宋時人紛紛在它的基礎上加以增補刊削，有的補充若干材料，分立一些韻部，有的增加字數，加詳注解，編為新的韻書。其中最著名的有唐王仁昫所撰的《刊謬補缺切韻》，孫愐所撰的《唐韻》，李舟所撰的《切韻》以及宋代官修的《廣韻》《集韻》等一系列韻書。這些韻書對韻的分析日趨精密，尤其是《廣韻》成為魏晉南北朝隋唐時期韻書的集大成著作。以上所介紹的韻書都是反映中古時期的韻書，它們在中國音韻學史上的貢獻是巨大的，影響也是非常深遠的。

唐末和尚守溫是我國古代最初使用字母來代表聲母的人。他按照雙聲字聲母讀音相同的原則，從所有漢字字音中歸納出三十個不同的聲母，並用漢字給它們一一標目，這就是《敦煌綴瑣》下輯錄守溫"三十字母"。這"三十字母"經過宋人的整理增益，成為後代通行的"三十六字母"。

唐宋三十六字母的產生導致了等韻學的產生和發展。等韻學是漢語音韻學的一個分科。它以漢語的聲韻調系統及其互相配合關係為研究對像，而以編制等韻圖作為表現其語音系統的手段，從而探求漢語的發音原理和發音方法。宋元時期的重要等韻圖大致可以分為兩大類：第一類是反映《切韻》音系的韻圖，如南宋福建福州人張麟之刊行的宋佚名的《韻鏡》，福建莆田人鄭樵撰的《七音略》，都是根據《切韻》中的小韻列為43圖，每個小韻的代表字在韻圖中各佔有一個位置；第二類是按當時的實際語音對《切韻》語音系統進行了調整，如託名宋司馬光的《切韻指掌圖》，佚名的《四聲等子》，元劉鑒的《經史正音切韻指南》，均不再按韻書中的小韻列圖，只列20個韻圖或24個韻圖。

明清時期的等韻學與宋元等韻學一脈相承，其理論基礎、基本原則和研究手段都是從宋元等韻學發展而來，二者聯繫密切。然而，明清時期的韻圖，已逐漸改變了宋元時期韻圖的型制。其表現為兩個方面：一則由於受到理學思想以及外來語音學原理對等韻的影響；二則由於語音的不斷發展變化影響到韻圖編制的內容和格式。根據李新魁《漢語音韻學》考證，明清時期的韻圖可以分為五種類型：一是以反映明清時代的讀書音系統為主的韻圖，它們略帶保守性，保存前代的語音特點較多。如：明袁子讓《字學元元》、葉秉敬《韻表》、無名氏《韻法直圖》、李嘉紹《韻法橫圖》、章黼《韻學集成》和清李光地、王蘭生《音韻闡微韻譜》，樊騰鳳《五方母音》等。二是以表現當時口語的標準音——中原地區共同語標準音為主，它們比較接近現代共同語的語音。如：明桑紹良《青郊雜著》、呂坤《交泰韻》、喬中和《元韻譜》、方以智《切韻聲原》和無名氏《字母切韻要法》等。三是在表現共同語音的基礎上，加上“音有定數定位”的觀念，在實際的音類之外，添上一些讀音的虛位，表現了統包各類讀音的“語音骨架”。如：明末清初馬自援《等音》、清林本裕《聲位》、趙紹箕《拙庵韻語》、潘耒《類音》、勞乃宣《等韻一得》等。四是表現各地方音的韻圖，有的反映北方話的讀法。如：明徐孝《重司馬溫公等韻圖經》、明代來華傳教的法國人金尼閣（Nieolas Trigault）《西儒耳目資》、張祥晉《七音譜》等；有的顯示南方方言的語音，如：陸稼書《等韻便讀》、清吳烺《五聲反切正韻》、程定謨《射聲小譜》、晉安《戚林八音》、黃謙《彙音妙悟》、廖綸璣《拍掌知音》、無名氏《擊掌知音》、謝秀嵐《雅俗通十五音》、張世珍《潮聲十五音》等。五是表現宋元時期韻書的音系的，它們是屬於“述古”的韻圖。如：無名氏《等韻切音指南》、江永《四聲切韻表》、龐大堃《等韻輯略》、梁僧寶《切韻求蒙》等①。

古音學研究也是漢語音韻學研究中的一個重要內容。它主要是研究周秦兩漢語音系統的學問。嚴格地說是研究以《詩經》為代表的上古語音系統的學問。我國早在漢代就有人談到古音。但古音學的真正建立是從宋代開始的。吳棫撰《韻補》，創“古韻通轉”之說；程迥著《古韻通式》，主張“三聲通用，雙聲互轉”；鄭庠撰《古音辨》，分古韻為六部。明代陳第（福建連江人）撰《毛詩古音考・序》提出“時有古今，地有南北，字有更革，音有轉移”的理論，為清代古音學的建立奠定了理論基礎。到了清代，古音學達到全盛時期。主要的古音學家和著作有：顧炎武《音學五書》、江永《古韻標準》、戴震《聲韻考》和《聲類表》、段玉裁《六書音韻表》、孔廣森《詩聲類》、王念孫《合韻譜》、嚴可均《說文聲類》、江有誥《音學十書》、朱駿聲《說文通訓定聲》等。

音韻學還有一個分支，那就是“北音學”。北音學主要研究以元曲和《中原音韻》為代表的近代北方話語音系統。有關北音的韻書還有元人朱宗文的《蒙古字韻》、卓從之的《中州樂府音韻匯通》，明人朱權的《瓊林雅韻》、無名氏的《菉斐軒詞林要韻》、王文璧的《中州音韻》、范善臻的《中州全韻》，清人王鵕的《中州全韻輯要》、沈乘麐的《曲韻驪珠》、周昂的《增訂中州全韻》等。

二　福建近代音韻學研究概述

從永嘉之亂前至明清，中原人士陸續入閩定居，帶來了許多中原的文化。宋南渡之後，大批北方著名人士蜂擁而來，也有不少閩人北上訪學，也將中原文化帶回閩地。如理學開創者周敦頤、張載、程顥、程頤、邵雍等都在北方中原一帶，不少閩人投其門下，深受其影響。如崇安人遊酢、

① 李新魁：《漢語等韻學》，中華書局2004年版。

將樂人楊時曾受業于二程。他們返回閩地後大力傳播理學，後被南宋朱熹改造發揚為“閩學”。

自宋迄清時期，福建在政治、思想、文化、經濟等均得到迅速發展。就古代“小學”（包括音韻、文字、訓詁）而言，就湧現出許許多多的專家和著作。宋朝時期，福建音韻學研究成果很多。如北宋邵武黃伯思的《古文韻》，永泰黃邦俊的《纂韻譜》，武夷山吳棫的《韻補》《毛詩補音》《楚辭釋音》，莆田鄭樵的《七音略》；南宋建陽蔡淵的《古易叶音》，泉州陳知柔的《詩聲譜》，莆田劉孟容的《修校韻略》，福州張鱗之刊行的《韻鏡》等。元明時期音韻學研究成果也不少，如元朝邵武黃公紹的《古今韻會》，邵武熊忠的《古今韻會舉要》《禮部韻略七音三十六母通考》；明朝連江陳第的《毛詩古音考》《屈宋古音義》《讀詩拙言》，晉江黃景昉的《疊韻譜》，林霍的《雙聲譜》，福清林茂槐的《音韻訂訛》等。清代音韻學研究成果十分豐碩。如安溪李光地的《欽定音韻闡微》《音韻闡微韻譜》《榕村韻書》《韻箋》《等韻便覽》《等韻辨疑》《字音圖說》，閩侯潘逢禧的《正音通俗表》，曹雲從的《字韻同音辨解》，光澤高澍然的《詩音十五卷》，閩侯陳壽祺的《越語古音證》，閩侯方邁的《古今通韻輯要》，晉江富中炎的《韻法指南》《等韻》，惠安孫經世的《韻學溯源》《詩韻訂》，王之珂的《占畢韻學》等。

以上韻書涉及上古音、中古音、近代音、等韻學，為我國漢語音韻學史作出了巨大貢獻，影響也是很大的。

三　閩台方言韻書說略

明清時期的方言學家們根據福建不同方言區的語音系統，編撰出許許多多的便於廣大民眾學習的方言韻書。有閩東方言韻書、閩北方言韻書、閩南方言韻書、潮汕方言韻書、臺灣閩南方言韻書以及外國傳教士編撰的方言字典、詞典等。

閩東方言韻書有：明末福州戚繼光編的《戚參軍八音字義便覽》（明末）、福州林碧山的《珠玉同聲》（清初）、晉安彙集的《戚林八音》（1749）、古田鐘德明的《加訂美全八音》（1906），福安陸求藻《安腔八音》（十八世紀末）、鄭宜光《簡易識字七音字彙》（清末民初）等。

閩北方言韻書有：政和明正德年間陳相手抄本《六音字典》（1515）和清朝光緒年間陳家箎手抄本《六音字典》（1894）；建甌林瑞材的《建州八音字義便覽》（1795）等。

閩南方言韻書有：連陽廖綸璣的《拍掌知音》（康熙年間）、泉州黃謙的《彙音妙悟》（1800，泉州音）、漳州謝秀嵐的《彙集雅俗通十五音》（1818）、無名氏的《增補彙音》（1820）、長泰無名氏的《渡江書十五音》（不詳）、葉開恩的《八音定訣》（1894）、無名氏《擊掌知音》（不詳，兼漳泉二腔）。

潮汕方言韻書有：張世珍的《潮聲十五音》（1907）、江夏懋亭氏的《擊木知音》（全名《彙集雅俗十五音全本》，1915）、蔣儒林《潮語十五音》（1921）、潮安蕭雲屏編的《潮語十五音》（1923）、潘載和《潮汕檢音字表》（1933）、澄海姚弗如改編的《潮聲十七音》（1934）、劉繹如改編的《潮聲十八音》（1936）、鳴平編著肅穆改編《潮汕十五音》（1938）、李新魁的《新編潮汕方言十八音》（1975）等。

大陸閩方言韻書對臺灣產生重大影響。臺灣語言學家們模仿大陸閩方言韻書的內容和形式，結合臺灣閩南方言概況編撰新的十五音。反映臺灣閩南方言的韻書主要有：臺灣現存最早的方言韻書為臺灣總督府民政局學務部編撰的《臺灣十五音字母詳解》（1895，臺灣）和《訂正臺灣十五音字母詳解》（1901，臺灣）等。

以上論著均為反映閩方言的韻書和辭書。其數目之多可以說居全國首位。其種類多的原因，與閩方言特別複雜有著直接的關係。

四　閩方言主要韻書的整理及其研究

福建師範大學漢語言文字學專業是2000年國務院學位委員會審批的二級學科博士學位授權點，也是2008年福建省第三批省級重點學科。2009年，該學科學科帶頭人馬重奇教授主持了福建省服務海西重大研究項目“海峽西岸瀕危語言學文獻及資料的挖掘、整理與研究”。經過多年的收集、整理和研究，擬分為兩個專題組織出版：一是由馬重奇教授主編的“清代民初閩方言韻書整理及研究”叢書；二是由林志強教授主編的

“閩籍學者的文字學著作研究”叢書。2010年馬重奇教授又主持了國家社科基金重大招标項目“海峽兩岸閩南方言動態比較研究”，也把閩方言韻書整理与研究作為子課題之一。

“清代民初閩方言韻書整理及研究”叢書的目錄如下：1.《〈增補彙音妙悟〉〈拍掌知音〉整理及研究》；2.《〈彙集雅俗通十五音〉整理及研究》；3.《〈增補彙音〉整理及研究》；4.《〈渡江書十五音〉整理及研究》；5.《〈八音定訣〉整理及研究》；6.《〈潮聲十五音〉整理及研究》；7.《〈潮語十五音〉整理及研究》；8.《〈潮聲十七音〉整理及研究》；9.《〈擊木知音〉整理及研究》；10.《〈安腔八音〉整理及研究》；11.《〈加訂美全八音〉整理及研究》；12.《〈建州八音字義便覽〉整理及研究》。

關於每部韻書的整理，我們的原則是：

1. 每本新編閩方言韻書，均根據相關的古版本以及學術界相關的研究成果進行校勘和校正。

2. 每本方言韻書均以原韻書為底本進行整理，凡韻書編排較亂者，根據韻字的音韻學地位重新編排。

3. 韻書有字有音而無釋義者，根據有關工具書補充字義。

4. 凡是錯字、錯句或錯段者，整理者直接改之。

5. 通過整理，以最好的閩方言韻書呈現於廣大讀者的面前，以滿足讀者和研究者學習的需要。

至於每部韻書的研究，我們的原則是：

1. 介紹每部韻書的作者、成書時間、時代背景、各種版本。

2. 介紹每部韻書在海內外學術界的研究動態。

3. 研究每部韻書的聲韻調系統，既做共時的比較也做歷時的比較，考證出音系、音值。

4. 考證出每部韻書的音系性質以及在中國方音史上的地位和影響。

“清代民初閩方言韻書整理及研究”叢書的順利出版，首先要感謝福建省人民政府對“福建省服務海西重大研究項目‘海峽西岸瀕危語言學文獻及資料的挖掘、整理與研究’”經費上的支持！我們還要特別感謝中國社會科學出版社張林編審的鼎立支持！感謝她為本套叢書的編輯、校對、出版所付出的辛勤勞動！

在本書撰寫過程中，著者們吸收了學術界許多研究成果，書後參考書目中已一一列出，這裡不再一一說明，在此一併表示感謝！然而，由於著者水準所限，書中的錯誤在所難免，望學術界的朋友們多加批評指正。

2021 年 5 月於福州倉山書香門第

目　　錄

《擊木知音》與潮州方言音系

馬重奇

閩人遷徙廣東，主要分佈在粵東潮汕地區和粵西的雷州半島及其周圍地區，面積約 23560 平方公里，人口約 1600 萬。人口數約占廣東省的四分之一。這一帶使用的語言就是閩南方言。

現代閩語區潮州片，主要分佈於汕頭市、潮州市、揭陽市和汕尾市。此片與福建相鄰，宋代开始移民。據《宋史》列傳卷 145《王大寶傳》記載："王大寶，字元龜。其先由溫陵（今泉州）徙潮州。"《乾隆潮州府志》卷 30《程瑤傳》也有記載，潮州大姓程氏也是從福建遷入潮州的。祝穆《方輿勝覽》卷 36《潮州・事要》云："雖境土有閩廣之異，而風俗無潮漳之分。……土俗熙熙，無福建廣南之異。"王象之《輿地紀勝》卷 100《潮州・四六》載，"土俗熙熙，無廣南福建之語。"可見，潮州人從福建移民而來，其語言、風俗均與閩南人相同。

數百年來，由福建遷移到潮汕一帶的閩南人受到粵語和客家話的影響，潮汕閩南方言形成獨有的方音特點，與福建閩南話既有相同之處，也有不同之別。為了推廣和普及粵東人學習潮汕方言，不少學者模仿福建閩南方言韻書，編撰了一些學習潮汕方言的韻書。反映潮汕方言的有代表性的韻書主要有以下數種：清末張世珍輯《潮聲十五音》（1907），蔣儒林編《潮語十五音》（1911），無名氏《擊木知音》（全名《彙集雅俗通十五音》，1915），澄邑姚弗如編、蔡邦彥校的《潮聲十七音》（1934）和李新魁編《新編潮汕方言十八音》（1979）等。這裡着重研究《擊木知音》的音系，運用歷史比較法，把它與現代粵東潮汕各縣市方言音系進行歷史地比較，從而探討其音系性質。

一　同名實異的兩種韻書

《擊木知音》全名《彙集雅俗通十五音》，副標題為《擊木知音》，著者不詳。此書成書于“中華民國四年（1915）歲次乙卯八月望日”，現珍藏於廣東省潮州市博物館。《擊木知音》雖全名為《彙集雅俗通十五音》，但所反映的音系則是潮州方言音系，與福建漳州方言韻書《彙集雅俗通十五音》雖書名相同，而反映的音系則不相同。其不同之處有：(1)《擊木知音》有8個聲調，而漳州《彙集雅俗通十五音》只有7個聲調。(2)《擊木知音》－n/－t尾韻與－ŋ/－k尾韻字混同，一律讀作－ŋ/－k；而《彙集雅俗通十五音》－n/－t尾韻與－ŋ/－k尾韻字則界限分明。(3)《擊木知音》佳部字“佳嘉加迦葭笳/賈假/價架駕嫁稼”與“爹/賒斜邪些/捨舍寫瀉赦社射謝麝”等同一韻部，均讀作［ia］；而漳州《彙集雅俗通十五音》則分別歸屬嘉部［ɛ］和迦部［ia］。(4)《擊木知音》扛部字“扛鋼糠康當湯莊贓妝裝喪桑霜秧瘡艙方坊荒/榜呟槓鋼當/郎蓈腸長唐塘堂糖床牀/丈狀藏”，在漳州《彙集雅俗通十五音》裡不見於扛部，而見於鋼部。《擊木知音》扛部讀作［ɤŋ］，而漳州《彙集雅俗通十五音》鋼部則讀作［ŋ］，扛部讀作［õ］。(5)《擊木知音》車部字如“車居椐猪豬之芝於蛆疽虛墟噓歔/汝舉矩筥杼煮耳爾邇駬與語鼠許滸/鋸據去箸飫翳/驢衢渠瞿蘧鋤薯而餘余于與徐魚呂慮巨钜拒距二字豫預譽禦”和“資姿淄緇諮孜恣錙思斯師私緦偲/子梓史駛使此泚/賜肆泗四三次/詞嗣祠辭/自仕士姒似祀耜事”等均讀作［ɯ］，而漳州《彙集雅俗通十五音》則分別歸屬居部［i］和艍部［u］。(6)《擊木知音》只有40個韻部，而漳州《彙集雅俗通十五音》則有50個韻部。

《擊木知音》的編排體例，基本上採用泉州方言韻書《彙音妙悟》的編排體例，以韻圖的形式來編排。每個韻部之上橫列15個聲母字（柳邊求去地頗他貞入時英文語出喜）來列圖，每個聲母之下縱列8個聲調（上平聲、上上聲、上去聲、上入聲、下平聲、下上聲、下去聲、下入聲），列8個格子，每個格子內縱列同音字匯，小部分韻字之下有簡單注釋。《擊木知音》的編排體例則比《彙音妙悟》來得科學、排得清楚。

二 《擊木知音》的音系性質研究

研究一部方言韻書，首先應該考證該韻書的音系性質。據考證，粵東潮汕方言韻書的聲母系統和聲調系統基本上是相同的，所不同的就是韻母系統。因此，筆者著重從兩個方面來研究《擊木知音》：一是先考證該部韻書的音系性質，也就是反映粵東何地的方言音系；二是運用歷史比較法，根據現代粵東閩南方言韻系對該韻書的韻部系統進行擬測。

《擊木知音》（1915）書前附有"擊木知音字母四十字目錄"：

君	堅	金	規	佳	干	公	乖	經	關
孤	驕	雞	恭	高	皆	斤	薑	甘	柯
江	兼	交	家	瓜	膠	龜	扛	枝	鳩
官	車	柑	更	京	蕉	姜	天	光	間

這40個韻部與《潮語十五音》（1911）"四十字母目錄"（君堅金歸佳江公乖經光孤驕雞恭歌皆[君]薑甘柯兼交家瓜膠龜扛枝鳩官居柑庚京蕉天肩干關姜）在韻目或韻序方面基本上相同。所不同的是《潮語十五音》書末注云："干部與江同，關部與光同，薑部與堅同，俱不錄。"可見該韻書的40個韻部，實際上是37個韻部，而《擊木知音》則是實實在在的40個韻部。具體比較如下表：

潮語十五音	君	堅	金	歸	佳	江	公	乖	經	光	孤	驕	雞	恭	歌	皆	[君]	薑	甘	柯
擊木知音	君	堅	金	規	佳	干	公	乖	經	關	孤	驕	雞	恭	高	皆	斤	薑	甘	柯
潮語十五音	干	兼	交	家	瓜	膠	龜	扛	枝	鳩	官	居	柑	庚	京	蕉	姜	天	關	肩
擊木知音	江	兼	交	家	瓜	膠	龜	扛	枝	鳩	官	車	柑	更	京	蕉	姜	天	光	間

從上表可見，這兩種韻書的異同點主要表現在：（1）從韻目用字上看，二種韻書韻目基本上相同，唯獨“歸/規”“歌/高”“君/斤”“居/車”“庚/更”“肩/間”用字上不同。（2）從韻序上看，君部至柯部，兼部至蕉部，完全相同；所不同的是《潮語十五音》把“干關薑”三部置於最後。（3）從正文內容上看，《潮語十五音》“干關薑”三部沒有內容，干部與江同，關部與光同，薑部與堅同，“干＝江”“關＝光”“薑＝堅”；而《擊木知音》“干≠江”“關≠光”“薑≠堅”，它們則是分立的。干部與江部是否對立，堅部和薑部是否對立，關部和光部是否對立，是《擊木知音》與《潮語十五音》爭論的焦點，也是《擊木知音》究竟反映何地方言音系的本質問題。現分別討論之。

（1）關於干部與江部

林倫倫、陳小楓所著《廣東閩方言語音研究》（第84—86頁）“汕頭、潮州、澄海、潮陽、揭陽、海豐6種方言比較表”載，韻母［aŋ/ak］在6種方言中是一致的。《擊木知音》有干部與江部，是否受漳州方言韻書《彙集雅俗通十五音》的影響呢？根據拙著《清代三種漳州十五音韻書研究》考證，《彙集雅俗通十五音》干部字多數來源於《廣韻》山攝韻字，少數來源於曾攝和咸攝韻字，故干部擬音為［－an/at］；江部字多數來源於《廣韻》的通攝、江攝、宕攝、曾攝韻字，少數來源於臻攝韻字，故擬音為［－aŋ/ak］。干部與江部是對立的。筆者詳細考察了《擊木知音》，發現該韻書干部和江部中重見的韻字有347個，分佈於《廣韻》通攝、江攝、宕攝、梗攝、曾攝和山攝之中，而不重見的韻字也同樣分佈於這些韻攝之中，顯然，收－n尾韻字與收－ŋ尾韻字混雜，收－t尾韻字亦與收－k尾韻字混雜。請看下表：

		上平	上上	上去	上入	下平	下上	下去	下入	小計
柳	同	1 砱	2 囊籠	1 攂	2 喇揦	6 闌蘭瀾欄聾礱	3 朗浪弄	0	4 力六陸樂	19
	異	7	6	1	1	10	7	6	6	44

续表

		上平	上上	上去	上入	下平	下上	下去	下入	小計
邊	同	4 幫邦枋崩	1 榜	1 放	5 剝腹幅北駁	3 瓶馮房	1 謗	0	1 縛	16
	異	11	10	2	5	2	3	1	2	36
求	同	3 江剛艱	4 講簡鐧港	1 諫	6 結各覺葛角桷	0	0	1 共	0	15
	異	18	5	0	4	2	2	0	3	34
去	同	3 康匡牽	1 侃	4 亢匠炕掐	6 尅柚霍殼殻恪	2 捧看	0	0	0	16
	異	9	6	5	3	0	1	1	2	27
地	同	4 丹冬東單	4 董黨党陡	5 旦棟凍當檔	2 遙噠	5 銅筒同仝艟	6 瓿憚蛋重蕩盪	1 洞	3 達毒鐸	30
	異	9	4	3	7	1	4	0	2	30
頗	同	2 攀蜂	1 紡	1 盼	1 博	4 帆蓬旁厖	0	1 吉	3 雹曝瀑	13
	異	3	2	5	3	5	2	1	2	23
他	同	4 蟶湯灘攤	4 坦袒毡桶	2 嘆歎	1 撻	8 彈檀棠螳唐蟲桐甋		1 晠	1 毒	21
	異	5	7	2	11	4	4	1	3	37
貞	同	8 莊罾繒曾棕稯鬃揔	3 嗒盞琖	9 壯棕綜棧贊讚纘鑽鄼	3 作節櫛	5 欃叢層掙澆	3 髒纏濺	1 贈	2 鰂鯽	34
	異	2	4	1	5	3	0	0	11	26
入	同	2 𤞍埒	2 豻鲘	1 輪	1 玨	1 蜣	1 贬	1 睊	1 韤	10
	異	0	0	0	1	1	1	0	1	4
時	同	9 刪珊姍跚雙雙鬆潸芟	5 產糍弗挾瘦	7 送宋喪霰散訕傘	7 虱蝨鬩殺煞薩塞	1 巑	1 齇	1 霧	1 �	32
	異	2	3	3	4	0	0	0	0	12

续表

		上平	上上	上去	上入	下平	下上	下去	下入	小計
英	同	8 安鞍佞侹庭翁鶴鴳	2 �傄	5 晏鷃宴甕案	3 抑握惡	2 紅洪	1 傄	2 寵閫	2 蒦籆	25
	異	0	2	7	5	4	0	2	3	23
文	同	2 厖娏	3 挽蟒莽	2 鰻甎	2 巇帥	6 蠻閩芒茫忙眬	2 網譽	4 夢夣萠緩	5 目黑目茉墨密	26
	異	0	2	0	0	2	0	2	3	9
語	同	1 昂	2 眼耩	2 蕹蕹	1 椴	5 言垣顏囒嵤	7 雁鳫諺喭彥鳶贗		6 嶽嶽咢蕚噩鱷	24
	異	2	0	0	1	0	1	0	7	11
出	同	7 潺孱餐蔥蒼倉滄	4 鏟剗鬘鬟	5 燦璨溗鬖創	4 察漆膝錯	5 藏匪田殘牂	1 戔		2 賊鑿	28
	異	5	3	1	4	1	0	0	0	14
喜	同	3 魴鰟誁	6 罕悍捍僩瞯鼾	5 漢僙熯暵痪	8 瞎轄豁褐曷涸壑洫	7 寒韓翰杭秔行降	2 限項	3 巷衖閈	4 學嚳觳礐	38
	異	3	3	1	2	0	2	1	1	13

據統計,《擊木知音》干部（共收 540 字）和江部（共收 507 字）中重見的韻字有 347 個，分別占其總數的 64.26% 和 68.44%；干部和江部中還有 193 字和 160 字是不重見的，分別占它們總數的 35.47% 和 31.56%。鑒於《擊木知音》干部和江部均有三分之一強的韻字不同，並且韻書明確地將它們獨立成部，我們特別將干部擬音為［ɛŋ/ɛk］，是為了區別于江部［aŋ/ak］而又不與經部擬音［eŋ/ek］發生衝突而構擬的。這樣，兩個韻部的主要母音［ɛ］和［a］的發音部位只有較小的差別，既可以解釋它們重見字的現象，又可以解釋不重見的現象。因此，我們認為《擊木知音》干部字應擬音為［ɛŋ/ɛk］，而江部擬音為［aŋ/ak］。

（2）關於堅部和薑部

林倫倫、陳小楓所著《廣東閩方言語音研究》（第 84—86 頁）“汕頭、潮州、澄海、潮陽、揭陽、海豐 6 地方言比較表”載，惟獨潮州方言有［iaŋ/iak］和［ieŋ/iek］的對立。堅部和薑部的對立，可以排除《擊木知音》音系反映汕頭、澄海、潮陽、揭陽、海豐方言的可能性。

據考察，《擊木知音》堅部和薑部是對立的，但也有重見的韻字70個。其中收《廣韻》-n尾韻字的如“扁變鱉卞抃見遣犬畎典偏片噃田填姸研現敏”，收-t尾韻字的如“別傑桀偞竭哲迭桎姪跌擎徹澈撤孽蘗褻屑洩紲”；收-ŋ尾韻字的如“鬯暢杖嚷壤釀讓養映恙仰廠敞鼈昶唱薔牆腸長響向餉”，收-k尾韻字的如“弱躍約藥虐瘧削”。這說明-n尾韻字與-ŋ尾韻字，-t尾韻字與收-k尾韻字在這兩個韻部中已經混淆。《擊木知音》堅部收499字，薑部收309字，重見韻字分別占其總數的14.03%和22.65%。而不重見的韻字則占其總數的85.97%和77.35%，說明這兩個韻部明顯是對立的。因此，我們根據潮州方言將堅部擬音為［ieŋ/iek］，薑部拟音为［iaŋ/iak］。

（3）關於關部和光部

林倫倫、陳小楓所著《廣東閩方言語音研究》（第84—86頁）“汕頭、潮州、澄海、潮陽、揭陽、海豐6地方言比較表”載，只有潮州、潮陽、揭陽方言有［ueŋ/uek］和［uaŋ/uak］的對立。這就排除了《擊木知音》音系反映汕頭、澄海、海豐等地方言的可能性。

據考察，《擊木知音》關部（499字）和光部（455字）中也有重見的韻字108個，其中收《廣韻》-n尾韻字的如“煖暖戀孌鸞亂乱搬半姅叛畔貫灌券圈端短斷煆摶篆段藩蕃蟠磻泮判泮弁盤磐槃伴傳團專耑轉攢泉撰饌噀軟宣喧暄選澳旋璿璿淀怨玩翫妧阮元沅原源願謜川釧穿喘舛串全銓”，收-t尾韻字的如“劣捋缽跋渤勃拔桲闊奪潑橃侻悅言欺曰輟啜撮發髮罰筏伐穴”；收-ŋ尾韻字的如“肱傾頃壙曠貺況”，收-k尾韻字的如“擴”；收-p尾韻字如“乏”。可見，該韻書關部和光部韻字已經混淆了收-n韻尾和收-ŋ韻尾的界限。重見韻字分別占其總數的21.64%和23.74%，不重見韻字則分別占其總數的78.36%和76.26%。可見，關部與光部是對立的。根據現代潮州方言，我們分別把它們擬音為［ueŋ/uek］和［uaŋ/uak］。

綜上所述，由於《擊木知音》干部和江部均有三分之一強的韻字不同，並且韻書明確地將它們獨立成部，我們特別將干部擬音為［ɛŋ/ɛk］，江部擬音為［aŋ/ak］。這樣，兩個韻部的主要母音［ɛ］和［a］的發音部位只有較小的差別，既可以解釋它們重見字的現象，又可以解釋不重見的現象。其次，堅部擬音為［ieŋ/iek］，薑部擬音為［iaŋ/iak］，這是可行的，因為它符合潮州方言的語音實際。再次，關部和光部分別擬音為［ieŋ/iek］和［iaŋ/iak］，則是反映了潮州方言的語音現象。以上三個特殊韻部的分析，則是《擊木知音》的音系性質的關鍵所在。因此，我們認為，《擊木知音》音系所反映的正是廣東潮州方言音系。

三 《擊木知音》聲母系統研究及其擬測

《擊木知音》書後附有“十五音”：

柳裡 邊比 求己 去起 地抵 頗丕 他體 貞止 入耳 時始 英以 文靡 語擬 出恥 喜喜

與《潮聲十五音》(1909)“潮聲君部上平聲十五音”和泉州黃謙著《彙音妙悟》(1800)“十五音念法”、漳州謝秀嵐著《彙集雅俗通十五音》(1818)“呼十五音法”基本上相似。請看下表：

閩南方言韻書	“十五音”
《擊木知音》	柳裡 邊比 求己 去起 地抵 頗丕 他體 貞止 入耳 時始 英以 文靡 語擬 出恥 喜喜
《潮聲十五音》	柳腀 邊分 求君 去坤 地敦 坡奔 他吞 增尊 入嶁 時孫 英溫 文蚊 語○ 出春 喜芬
《彙音妙悟》	柳礡 邊盆 求君 氣昆 地敦 普奔 他吞 爭尊 入朐 時孫 英溫 文頤 語稽 出春 喜分
《彙集雅俗通十五音》	柳理 邊比 求己 去起 地底 頗鄙 他恥 曾止 入耳 時始 英以 門美 語禦 出取 喜喜

由上可見，潮汕方言韻書“十五音”均來源於福建閩南方言韻書，其用字、次序和拼讀方式基本上是相同的。《彙集雅俗通十五音》“呼十五音法”，其呼法與“漳州 ma－sa 式秘密語”的拼讀方法相類似。“漳州 ma－sa 式秘密語”的拼讀方法：即把本字音作為秘密語的聲母字，再將本字韻母配以附加聲 s，作為秘密語的韻母字，並各從原有四聲，連而言

之。（見馬重奇《閩南漳州方言 la－mi 式和 ma－sa 式音的秘密語研究》，《中國語言學報》第 9 期，商務印書館 1999 年版）如：

柳 liu[53]→柳 liu[44]＋理 li[53]　　時 si[12]→時 si[22]＋時 si[12]

而以上四種韻書的呼音法是：ma－mi 式，ma 是本字，表示聲母字，mi 表示本字的聲母配－i（聲調基本上為上上聲）。其拼音方式如下：

柳→柳＋理　邊→邊＋比　求→求＋己　去→去＋
起　地→地＋底　頗→頗＋鄙　他→他＋恥　曾→曾＋止
入→入＋耳　時→時＋始　英→英＋以　門→門＋
美　語→語＋禦　出→出＋取　喜→喜＋喜

根據林倫倫、陳小楓著的《廣東閩方言語音研究》以及現代潮汕方言等材料，今把現代粵東 6 個縣市閩方言聲母與《擊木知音》“十五音”比較如下表：

	聲母系統																	
擊木知音	邊	頗	文		地	他	柳		貞	出	時	入	求	去	語		喜	英
潮聲十五音	邊	坡	文		地	他	柳		增	出	時	入	求	去	語		喜	英
汕頭話	p	p‘	b	m	t	t‘	n	l	ts	ts‘	s	z	k	k‘	g	ŋ	h	ø
潮州話	p	p‘	b	m	t	t‘	n	l	ts	ts‘	s	z	k	k‘	g	ŋ	h	ø
澄海話	p	p‘	b	m	t	t‘	n	l	ts	ts‘	s	z	k	k‘	g	ŋ	h	ø
潮陽話	p	p‘	b	m	t	t‘	n	l	ts	ts‘	s	z	k	k‘	g	ŋ	h	ø
揭陽話	P	p‘	b	m	t	t‘	n	l	ts	ts‘	s	z	k	k‘	g	ŋ	h	ø
海豐話	P	p‘	b	m	t	t‘	n	l	ts	ts‘	s	Z	k	k‘	g	ŋ	h	ø

上表可見，粵東閩南方言的聲母是一致的。現將《擊木知音》聲母系統及其擬音如下：

1. 柳［l/n］	2. 邊［p］	3. 求［k］	4. 去［k‘］	5. 地［t］
6. 破［p‘］	7. 他［t‘］	8. 貞［ts］	9. 入［dz］	10. 時［s］
11. 英［ø］	12. 文［b/m］	13. 語［g/ŋ］	14. 出［ts‘］	15. 喜［h］

因為潮汕方言有非鼻化韻與鼻化韻兩套系統，因此“柳、文、語”三個字母在非鼻化韻前讀作［l］、［b］、［g］，在鼻化韻前讀作［n］、［m］、［ŋ］。《廣東閩方言語音研究》指出，“［b－、g－、l－］三個濁音聲母不拼鼻化韻母；［m－、n－、ŋ－］三個鼻音聲母與元音韻母相拼後，元音韻母帶上鼻化成分，即［me］＝［mẽ］、［ne］＝［nẽ］、［ŋe］＝［ŋẽ］。所以可以認為［m－、n－、ŋ－］不拼元音韻母，與［b－、g－、l－］不拼鼻化韻母互補”。這是柳［l/n］、文［b/m］、語［g/ŋ］在不同語音條件下所構擬的音值。

四 《擊木知音》韻母系統研究及其擬測

下面我們把《擊木知音》的每一個韻部字與粵東地區汕頭、潮州、澄海、潮陽、揭陽和海豐等6個方言代表點進行歷史比較，然後構擬出其音值。

（一）对卷一“君堅金規佳”諸部的擬測

1. *君部*

此部在粵東粵東地區汕頭、潮州、澄海、潮陽、揭陽的閩語中多數讀作［uŋ/uk］，唯獨海豐方言讀作［un/ut］。現根據現代潮州方言將君部擬音為［uŋ/uk］。

例字	汕頭	潮州	澄海	潮陽	揭陽	海豐
分	$huŋ^1$	$huŋ^1$	$huŋ^1$	$huŋ^1$	$huŋ^1$	hun^1
准	$tsuŋ^2$	$tsuŋ^2$	$tsuŋ^2$	$tsuŋ^2$	$tsuŋ^2$	$tsun^2$
俊	$tsuŋ^3$	$tsuŋ^3$	$tsuŋ^3$	$tsuŋ^3$	$tsuŋ^3$	$tsun^3$
出	$ts‘uk^4$	$ts‘uk^4$	$ts‘uk^4$	$ts‘uk^4$	$ts‘uk^4$	$ts‘ut^4$
輪	$luŋ^5$	$luŋ^5$	$luŋ^5$	$luŋ^5$	$luŋ^5$	lun^5
論	$luŋ^6$	$luŋ^6$	$luŋ^6$	$luŋ^6$	$luŋ^6$	lun^6
悶	$buŋ^{77}$	$buŋ^{77}$	$buŋ^{77}$	$buŋ^{77}$	$buŋ^{77}$	bun^7
掘	kuk^8	kuk^8	kuk^8	kuk^8	kuk^8	kut^8

以上韻字舒聲韻均屬《廣韻》臻攝韻字，收－n韻尾，今潮汕方言除

了海豐方言仍讀作［-un］外，均讀作［-uŋ］；促聲韻字海豐讀作［ut］，其餘均讀作［uk］，由中古收-t 韻尾演變成收-k 韻尾。

2. 堅部

此部除潮州方言在音值上多數讀［ieŋ/iek］，但也有少數讀作［iaŋ/iak］，而汕頭、澄海、潮陽、揭陽和海豐均讀為［iaŋ/iak］。現根據潮州方言將堅部擬音為［ieŋ/iek］。

例字	汕頭	潮州	澄海	潮陽	揭陽	海豐
邊	$piaŋ^1$	$pieŋ^1$	$piaŋ^1$	$piaŋ^1$	$piaŋ^1$	$piaŋ^1$
典	$tiaŋ^2$	$tieŋ^2$	$tiaŋ^2$	$tiaŋ^2$	$tiaŋ^2$	$tiaŋ^2$
箭	$tsiaŋ^3$	$tsieŋ^3$	$tsiaŋ^3$	$tsiaŋ^3$	$tsiaŋ^3$	$tsiaŋ^3$
迭	$tiak^4$	$tiek^4$	$tiak^4$	$tiak^4$	$tiak^4$	$tiak^4$
眠	$miaŋ^5$	$mmieŋ^5$	$miaŋ^5$	$miaŋ^5$	$miaŋ^5$	$miaŋ^5$
奠	$tiaŋ^6$	$tieŋ^6$	$tiaŋ^6$	$tiaŋ^6$	$tiaŋ^6$	$tiaŋ^6$
現	$hiaŋ^7$	$hieŋ^7$	$hiaŋ^7$	$hiaŋ^7$	$hiaŋ^7$	$hiaŋ^7$
別	$piak^8$	$piek^8$	$piak^8$	$piak^8$	$piak^8$	$piak^8$

以上韻字舒聲韻均屬《廣韻》山攝韻字，收-n 韻尾，今潮汕方言已演變成-ŋ 韻尾；促聲韻字由中古收-t 韻尾演變成收-k 韻尾。潮州方言的韻母讀作［ieŋ/iek］，有別於其他方言。

3. 金部

此部除澄海方言讀作［iŋ/ik］以外，其他地區如汕頭、潮州、潮陽、揭陽和海豐讀音均為［im/ip］，現根據潮州方言將金部擬音為［im/ip］。

例字	汕頭	潮州	澄海	潮陽	揭陽	海豐
金	kim^1	kim^1	$kiŋ^1$	kim^1	kim^1	kim^1
飲	im^2	im^2	$iŋ^2$	im^2	im^2	im^2
禁	kim^3	kim^3	$kiŋ^3$	kim^3	kim^3	kim^3
急	kip^4	kip^4	kik^4	kip^4	kip^4	kip^4
臨	lim^5	lim^5	$liŋ^5$	lim^5	lim^5	lim^5
任	zim^6	zim^6	$ziŋ^6$	zim^6	zim^6	zim^6
刃	zim^7	zim^7	zim^7	zim^7	zim^7	zim^7
及	kip^8	kip^8	kik^8	kip^8	kip^8	kip^8

以上韻字多數屬《廣韻》深攝韻字，少數臻攝韻字，收 - m/ - p 韻尾或收 - n/ - t 韻尾，今潮汕方言除了澄海方言演變成 - ŋ/ - k 韻尾外，其餘方言點仍然保留 - m/ - p 韻尾。澄海方言的韻母均讀作［iŋ/ik］，有別於其他方言。

4. 規部

此部舒聲韻字在粵東各縣、市的閩語中均讀作［ui］，促聲韻字均為偏僻字，現代潮州話基本上不用。現根據潮州方言將規部擬音為［ui/uiʔ］。

例字	汕頭	潮州	澄海	潮陽	揭陽	海豐
追	tui^{1}	tui^{1}	tui^{1}	tui^{1}	tui^{1}	tui^{1}
水	tsui^{2}	tsui^{2}	tsui^{2}	tsui^{2}	tsui^{2}	tsui^{2}
桂	kui^{3}	kui^{3}	kui^{3}	kui^{3}	kui^{3}	kui^{3}
扑 p‘uiʔ^{4}	—	—	—	—	—	—
微	bui^{5}	bui^{5}	bui^{5}	bui^{5}	bui^{5}	bui^{5}
跪	kui^{6}	kui^{6}	kui^{6}	kui^{6}	kui^{6}	kui^{6}
累	lui^{7}	lui^{7}	lui^{7}	lui^{7}	lui^{7}	lui^{7}
稑 k‘uiʔ^{8}	—	—	—	—	—	—

《擊木知音》上入聲有“撲”字，下入聲有“稑”字，現代潮汕方言均無此讀法。

5. 佳部

此部在粵東各縣、市的閩語中均讀作［ia/iaʔ］。現根據潮州方言將佳部擬音為［ia/iaʔ］。

例字	汕頭	潮州	澄海	潮陽	揭陽	海豐
爹	tia^{1}	tia^{1}	tia^{1}	tia^{1}	tia^{1}	tia^{1}
賈	kia^{2}	kia^{2}	kia^{2}	kia^{2}	kia^{2}	kia^{2}
寄	kia^{3}	kia^{3}	kia^{3}	kia^{3}	kia^{3}	kia^{3}
脊	tsiaʔ^{4}	tsiaʔ^{4}	tsiaʔ^{4}	tsiaʔ^{4}	tsiaʔ^{4}	tsiaʔ^{4}
椰	ia^{5}	ia^{5}	ia^{5}	ia^{5}	ia^{5}	ia^{5}

续表

例字	汕頭	潮州	澄海	潮陽	揭陽	海豐
社	sia⁶	sia⁶	sia⁶	sia⁶	sia⁶	sia⁶
謝	sia⁷	sia⁷	sia⁷	sia⁷	sia⁷	sia⁷
食	tsiaʔ⁸	tsiaʔ⁸	tsiaʔ⁸	tsiaʔ⁸	tsiaʔ⁸	tsiaʔ⁸

（二）对卷二“干公乖經關”諸部的擬測

6. 干部

此部在粵東各縣、市的閩語中均讀作［aŋ/ak］。鑒於《擊木知音》干部和江部分立且有三分之一強的韻字重見，因此，我們認為《擊木知音》干部字應擬音為［ɛŋ/ɛk］，江部擬音為［aŋ/ak］，以便區別。

例字	汕頭	潮州	澄海	潮陽	揭陽	海豐
干	kaŋ¹	kaŋ¹	kaŋ¹	kaŋ¹	kaŋ¹	kaŋ¹
眼	gaŋ²	gaŋ²	gaŋ²	gaŋ²	gaŋ²	gaŋ²
降	kaŋ³	kaŋ³	kaŋ³	kaŋ³	kaŋ³	kaŋ³
結	kak⁴	kak⁴	kak⁴	kak⁴	kak⁴	kak⁴
寒	haŋ⁵	haŋ⁵	haŋ⁵	haŋ⁵	haŋ⁵	haŋ⁵
爛	laŋ⁶	laŋ⁶	laŋ⁶	laŋ⁶	laŋ⁶	laŋ⁶
巷	haŋ⁷	haŋ⁷	haŋ⁷	haŋ⁷	haŋ⁷	haŋ⁷
達	tak⁸	tak⁸	tak⁸	tak⁸	tak⁸	tak⁸

前文說過，《擊木知音》干部與江部是分立的，跟《潮語十五音》“干部與江同，關部與光同，薑部與堅同，俱不錄”不一樣，因此，我們就必須對這兩個韻部分別擬音，干部擬音為［ɛŋ/ɛk］，江部擬音為［aŋ/ak］。主要母音［ɛ］屬前半低、不圓唇母音，［a］屬前低、不圓唇母音，前者［ɛ］容易低化為後者［a］。

7. 公部

此部在粵東各縣、市的閩語中均為［oŋ/ok］。現根據潮州方言將公部擬音為［oŋ/ok］。

例字	汕頭	潮州	澄海	潮陽	揭陽	海豐
蔥	tsʻoŋ^{1}	tsʻoŋ^{1}	tsʻoŋ^{1}	tsʻoŋ^{1}	tsʻoŋ^{1}	tsʻoŋ^{1}
隴	loŋ^{2}	loŋ^{2}	loŋ^{2}	loŋ^{2}	loŋ^{2}	loŋ^{2}
湅	toŋ^{3}	toŋ^{3}	toŋ^{3}	toŋ^{3}	toŋ^{3}	toŋ^{3}
惡	ok^{4}	ok^{4}	ok^{4}	ok^{4}	ok^{4}	ok^{4}
農	loŋ^{5}	loŋ^{5}	loŋ^{5}	loŋ^{5}	loŋ^{5}	loŋ^{5}
重	toŋ^{6}	toŋ^{6}	toŋ^{6}	toŋ^{6}	toŋ^{6}	toŋ^{6}
磅	poŋ^{7}	poŋ^{7}	poŋ^{7}	poŋ^{7}	poŋ^{7}	poŋ^{7}
獨	tok^{8}	tok^{8}	tok^{8}	tok^{8}	tok^{8}	tok^{8}

以上韻字多數屬《廣韻》通攝韻字，少數屬宕攝韻字，收 - ŋ/ - k 韻尾。

8. 乖部

此部在粵東各縣、市的閩語中均讀作［uai］，促聲韻字僅一字，現代潮州話基本上不用。現根據潮州方言將乖部擬音為［uai/uaiʔ］。

例字	汕頭	潮州	澄海	潮陽	揭陽	海豐
衰	suai^{1}	suai^{1}	suai^{1}	suai^{1}	suai^{1}	suai^{1}
柺	kuai^{2}	kuai^{2}	kuai^{2}	kuai^{2}	kuai^{2}	kuai^{2}
快	kʻuai^{3}	kʻuai^{3}	kʻuai^{3}	kʻuai^{3}	kʻuai^{3}	kʻuai^{3}
孬 uaiʔ^{4}	—	—	—	—	—	—
懷	huai^{5}	huai^{5}	huai^{5}	huai^{5}	huai^{5}	huai^{5}
壞	huai^{6}	huai^{6}	huai^{6}	huai^{6}	huai^{6}	huai^{6}
外	uai^{7}	uai^{7}	uai^{7}	uai^{7}	uai^{7}	uai^{7}

9. 經部

此部在粵東汕頭、潮州、澄海、揭陽等各縣、市的閩語中多數讀作［eŋ/ek］，潮陽、海豐有兩讀：［eŋ/ek］和［ioŋ/iok］。現根據潮州方言將經部擬音為［eŋ/ek］。

例字	汕頭	潮州	澄海	潮陽	揭陽	海豐
經	keŋ^{1}	keŋ^{1}	keŋ^{1}	keŋ^{1}/kioŋ^{1}	keŋ^{1}	keŋ^{1}/kioŋ^{1}
等	teŋ^{2}	teŋ^{2}	teŋ^{2}	teŋ^{2}/tioŋ^{2}	teŋ^{2}	teŋ^{2}/tioŋ^{2}
證	tseŋ^{3}	tseŋ^{3}	tseŋ^{3}	tseŋ^{3}/tsioŋ^{3}	tseŋ^{3}	tseŋ^{3}/tsioŋ^{3}
識	sek^{4}	sek^{4}	sek^{4}	sek^{44}/siok^{4}	sek^{4}	sek^{44}/siok^{4}
朋	p'eŋ^{5}	p'eŋ^{5}	p'eŋ^{5}	p'eŋ^{5}/pÁioŋ^{5}	p'eŋ^{5}	p'eŋ^{5}/pÁioŋ^{5}
並	peŋ^{6}	peŋ^{6}	peŋ^{6}	peŋ^{6}/pioŋ^{6}	peŋ^{6}	peŋ^{6}/pioŋ^{6}
用	eŋ^{7}	eŋ^{7}	eŋ^{7}	eŋ^{7}/ioŋ^{7}	eŋ^{7}	eŋ^{7}/ioŋ^{7}
勒	lek^{8}	lek^{8}	lek^{8}	lek^{88}/liok^{8}	lek^{8}	lek^{88}/liok^{8}

10. 關部

此部在粵東潮州讀作［ueŋ/uek］，汕頭、澄海、海豐讀作［uaŋ/uak］，潮陽、揭陽有兩讀：［uaŋ/uak］和［ueŋ/uek］。現根據潮州方言將關部擬音為［ueŋ/uek］。

例字	汕頭	潮州	澄海	潮陽	揭陽	海豐
端	tuaŋ^{1}	tueŋ^{1}	tuaŋ^{1}	tuaŋ^{11}/tueŋ^{1}	tuaŋ^{11}/tueŋ^{1}	tuaŋ^{1}
滿	buaŋ^{2}	bueŋ^{2}	buaŋ^{2}	buaŋ^{2}/bueŋ^{2}	buaŋ^{2}/bueŋ^{2}	buaŋ^{2}
判	p'uaŋ^{3}	p'ueŋ^{3}	p'uaŋ^{3}	p'uaŋ^{3}/p'ueŋ^{3}	p'uaŋ^{3}/p'ueŋ^{3}	p'uaŋ^{3}
劣	luak^{4}	luek^{4}	luak^{4}	luak^{4}/luek^{4}	luak^{4}/luek^{4}	luak^{4}
泉	tsuaŋ^{5}	tsueŋ^{5}	tsuaŋ^{5}	tsuaŋ^{5}/tsueŋ^{5}	tsuaŋ^{5}/tsueŋ^{5}	tsuaŋ^{5}
亂	luaŋ^{6}	lueŋ^{6}	luaŋ^{6}	luaŋ^{6}/lueŋ^{6}	luaŋ^{6}/lueŋ^{6}	luaŋ^{6}
算	suaŋ^{7}	sueŋ^{7}	suaŋ^{7}	suaŋ^{7}/sueŋ^{7}	suaŋ^{7}/sueŋ^{7}	suaŋ^{7}
拔	puak^{8}	puek^{8}	puak^{8}	puak^{8}/puek^{88}	puak^{8}/puek^{8}	puak^{8}

（三）对卷三“孤驕雞恭高”諸部的擬測

11. 孤部

此部在粵東各縣、市的閩語中舒聲韻均讀作［ou］，促聲韻無讀作［ouʔ］。現根據潮州方言將孤部擬音為［ou/ouʔ］。

例字	汕頭	潮州	澄海	潮陽	揭陽	海豐
鋪	p‘ou^{1}	p‘ou^{1}	p‘ou^{1}	p‘ou^{1}	p‘ou^{1}	p‘ou^{1}
鼓	kou^{2}	kou^{2}	kou^{2}	kou^{2}	kou^{2}	kou^{2}
傅	pou^{3}	pou^{3}	pou^{3}	pou^{3}	pou^{3}	pou^{3}
剟 souʔ^{4}	—	—	—	—	—	—
廚	tou^{5}	tou^{5}	tou^{5}	tou^{5}	tou^{5}	tou^{5}
戶	hou^{6}	hou^{6}	hou^{6}	hou^{6}	hou^{6}	hou^{6}
渡	tou^{7}	tou^{7}	tou^{7}	tou^{7}	tou^{7}	tou^{7}
辪 souʔ	—	—	—	—	—	—

12. 驕部

此部在粵東各縣、市的閩語中只有潮州、澄海讀作［iou/iouʔ］，而汕頭、潮陽、揭陽和海豐均讀作［iau/iauʔ］。現根據潮州方言將驕部擬音為［iou/iouʔ］。

例字	汕頭	潮州	澄海	潮陽	揭陽	海豐
嬌	kiau^{1}	kiou^{1}	kiou^{1}	kiau^{1}	kiau^{1}	kiau^{1}
瞭	liau^{2}	liou^{2}	liou^{2}	liau^{2}	liau^{2}	liau^{2}
叫	kiau^{3}	kiou^{3}	kiou^{3}	kiau^{3}	kiau^{3}	kiau^{3}
腳	kiauʔ^{4}	kiouʔ^{4}	kiouʔ^{4}	kiauʔ^{4}	kiauʔ^{4}	kiauʔ^{4}
調	ts‘iau^{5}	ts‘iou^{5}	ts‘iou^{5}	ts‘iau^{5}	ts‘iau^{5}	ts‘iau^{5}
耀	iau^{6}	iou^{6}	iou^{6}	iau^{6}	iau^{6}	iau^{6}
廖	liau^{7}	liou^{7}	liou^{7}	liau^{7}	liau^{7}	liau^{7}
著	tiauʔ^{8}	tiouʔ^{8}	tiouʔ^{8}	tiauʔ^{8}	tiauʔ^{8}	tiauʔ^{8}

13. 雞部

此部在粵東各縣、市的閩語中多數讀作［oi/oiʔ］，只有海豐讀作［i/ei/eʔ］。現根據潮州方言將雞部擬音為［oi/oiʔ］。

例字	汕頭	潮州	澄海	潮陽	揭陽	海豐
街	koi^{1}	koi^{1}	koi^{1}	koi^{1}	koi^{1}	kei^{1}
禮	loi^{2}	loi^{2}	loi^{2}	loi^{2}	loi^{2}	li^{2}
計	koi^{3}	koi^{3}	koi^{3}	koi^{3}	koi^{3}	ki^{3}
捌	poiʔ^{4}	poiʔ^{4}	poiʔ^{4}	poiʔ^{4}	poiʔ^{4}	peʔ^{4}
蹄	toi^{5}	toi^{5}	toi^{5}	toi^{5}	toi^{5}	ti^{5}
蟹	hoi^{6}	hoi^{6}	hoi^{6}	hoi^{6}	hoi^{6}	hei^{6}
賣	boi^{7}	boi^{7}	boi^{7}	boi^{7}	boi^{7}	bei^{7}
拔	poiʔ^{8}	poiʔ^{8}	poiʔ^{8}	poiʔ^{8}	poiʔ^{8}	peʔ^{8}

14. 恭部

此部在粵東各縣、市的閩語中均讀作［ioŋ/iok］，只有潮陽、揭陽還有另一讀［ueŋ/uek］。現根據潮州方言將恭部擬音為［ioŋ/iok］。

例字	汕頭	潮州	澄海	潮陽	揭陽	海豐
弓	kioŋ^{1}	kioŋ^{1}	kioŋ^{1}	kioŋ^{1}/kueŋ^{1}	kioŋ^{1}/kueŋ^{1}	kioŋ^{1}
永	ioŋ^{2}	ioŋ^{2}	ioŋ^{2}	ioŋ^{2}/ueŋ^{2}	ioŋ^{2}/ueŋ^{2}	ioŋ^{2}
像	sioŋ^{3}	sioŋ^{3}	sioŋ^{3}	sioŋ^{3}/sueŋ^{3}	sioŋ^{3}/sueŋ^{3}	sioŋ^{3}
曲	k‘iok^{4}	k‘iok^{4}	k‘iok^{4}	k‘iok^{4}/k‘uek^{4}	k‘iok^{4}/k‘uek^{4}	k‘iok^{4}
松	sioŋ^{5}	sioŋ^{5}	sioŋ^{5}	sioŋ^{5}/sueŋ^{5}	sioŋ^{5}/sueŋ^{5}	sioŋ^{5}
傭	ioŋ^{6}	ioŋ^{6}	ioŋ^{6}	ioŋ^{6}/ueŋ^{6}	ioŋ^{6}/ueŋ^{6}	ioŋ^{6}
共	kioŋ^{7}	kioŋ^{7}	kioŋ^{7}	kioŋ^{7}/kueŋ^{7}	kioŋ^{7}/kueŋ^{7}	kioŋ^{7}
育	iok^{8}	iok^{8}	iok^{8}	iok^{8}/uek^{8}	iok^{8}/uek^{8}	iok^{8}

15. 高部

此部在粵東各縣、市的閩語中均讀作［o/oʔ］。現根據潮州方言將高部擬音為［o/oʔ］。

例字	汕頭	潮州	澄海	潮陽	揭陽	海豐
玻	po^{1}	po^{1}	po^{1}	po^{1}	po^{1}	po^{1}
左	tso^{2}	tso^{2}	tso^{2}	tso^{2}	tso^{2}	tso^{2}

续表

例字	汕頭	潮州	澄海	潮陽	揭陽	海豐
播	po^{3}	po^{3}	po^{3}	po^{3}	po^{3}	po^{3}
索	soʔ^{4}	soʔ^{4}	soʔ^{4}	soʔ^{4}	soʔ^{4}	soʔ^{4}
鑼	lo^{5}	lo^{5}	lo^{5}	lo^{5}	lo^{5}	lo^{5}
佐	tso^{6}	tso^{6}	tso^{6}	tso^{6}	tso^{6}	tso^{6}
號	ho^{7}	ho^{7}	ho^{7}	ho^{7}	ho^{7}	ho^{7}
絡	loʔ^{8}	loʔ^{8}	loʔ^{8}	loʔ^{8}	loʔ^{8}	loʔ^{8}

（四）对卷四“皆斤薑甘柯”諸部的擬測

16. 皆部

此部在粵東各縣、市的閩語中舒聲韻均讀作［ai］，而促聲韻字較為偏僻，已不再使用了。現根據潮州方言將皆部擬音為［ai/aiʔ］。

例字	汕頭	潮州	澄海	潮陽	揭陽	海豐
齋	tsai^{1}	tsai^{1}	tsai^{1}	tsai^{1}	tsai^{1}	tsai^{1}
歹	tai^{2}	tai^{2}	tai^{2}	tai^{2}	tai^{2}	tai^{2}
派	p‘ai^{3}	p‘ai^{3}	p‘ai^{3}	p‘ai^{3}	p‘ai^{3}	p‘ai^{3}
梨	lai^{5}	lai^{5}	lai^{5}	lai^{5}	lai^{5}	lai^{5}
怠	tai^{6}	tai^{6}	tai^{6}	tai^{6}	tai^{6}	tai^{6}
害	hai^{7}	hai^{7}	hai^{7}	hai^{7}	hai^{7}	hai^{7}
唔 aiʔ^{8}	—	—	—	—	—	—

17. 斤部

此部在粵東各縣、市的閩語中多數讀作［iŋ/ik］，只有揭陽方言讀作［eŋ/ek］，海豐方言有兩讀：［iŋ/ik］和［in/it］。現根據潮州方言將斤部擬音為［iŋ/ik］。

例字	汕頭	潮州	澄海	潮陽	揭陽	海豐
賓	piŋ^{1}	piŋ^{1}	piŋ^{1}	piŋ^{1}	peŋ^{1}	piŋ^{1}/in^{1}
緊	kiŋ^{2}	kiŋ^{2}	kiŋ^{2}	kiŋ^{2}	keŋ^{2}	kiŋ^{2}/in^{2}

续表

例字	汕頭	潮州	澄海	潮陽	揭陽	海豐
鎮	tiŋ^{3}	tiŋ^{3}	tiŋ^{3}	tiŋ^{3}	teŋ^{3}	tiŋ^{3}/in^{3}
吉	kik^{4}	kik^{4}	kik^{4}	kik^{4}	kek^{4}	kik^{4}/it^{4}
仁	ziŋ^{5}	ziŋ^{5}	ziŋ^{5}	ziŋ^{5}	zeŋ^{5}	ziŋ^{5}/in^{5}
任	ziŋ^{6}	ziŋ^{6}	ziŋ^{6}	ziŋ^{6}	zeŋ^{6}	ziŋ^{6}/in^{6}
陣	tiŋ^{7}	tiŋ^{7}	tiŋ^{7}	tiŋ^{7}	teŋ^{7}	tiŋ^{7}/in^{7}
直	tik^{8}	tik^{8}	tik^{8}	tik^{8}	tek^{8}	tik^{8}/it^{8}

18. 薑部

此部在粵東各縣、市的閩語中舒聲韻多數讀作［iõ］，只有潮州、澄海方言讀作［iẽ］，現根據潮州方言將薑部擬音為［iẽ/iẽʔ］。

例字	汕頭	潮州	澄海	潮陽	揭陽	海豐
薑	kiõ^{1}	kiẽ^{1}	kiẽ^{1}	kiõ^{1}	kiõ^{1}	kiõ^{1}
两	niõ^{2}	niẽ^{2}	niẽ^{2}	niõ^{2}	niõ^{2}	niõ^{2}
障	tsiõ^{3}	tsiẽ^{3}	tsiẽ^{3}	tsiõ^{3}	tsiõ^{3}	tsiõ^{3}
约	iõʔ^{4}	iẽʔ^{4}	iẽʔ^{4}	iõʔ^{4}	iõʔ^{4}	iõʔ^{4}
场	tiõ^{5}	tiẽ^{5}	tiẽ^{5}	tiõ^{5}	tiõ^{5}	tiõ^{5}
象	ts‘iõ^{6}	ts‘iẽ^{6}	ts‘iẽ^{6}	ts‘iõ^{6}	ts‘iõ^{6}	ts‘iõ^{6}
尚	siõ^{7}	siẽ^{7}	siẽ^{7}	siõ^{7}	siõ^{7}	siõ^{7}
石	tsioʔ^{8}	tsiẽʔ^{8}	tsiẽʔ^{8}	tsioʔ^{8}	tsioʔ^{8}	tsioʔ^{8}

19. 甘部

此部在粵東汕頭、潮州、潮陽、揭陽和海豐各縣、市的閩語中均讀作［am/ap］，只有澄海讀作［am/ak］。現根據潮州方言將甘部擬音為［am/ap］。

例字	汕頭	潮州	澄海	潮陽	揭陽	海豐
柑	kam^{1}	kam^{1}	kaŋ^{1}	kam^{1}	kam^{1}	kam^{1}
膽	tam^{2}	tam^{2}	taŋ^{2}	tam^{2}	tam^{2}	tam^{2}

续表

例字	汕頭	潮州	澄海	潮陽	揭陽	海豐
鑒	kam^3	kam^3	$kaŋ^3$	kam^3	kam^3	kam^3
答	tap^4	tap^4	tak^4	tap^4	tap^4	tap^4
銜	ham^5	ham^5	$haŋ^5$	ham^5	ham^5	ham^5
濫	lam^6	lam^6	$laŋ^6$	lam^6	lam^6	lam^6
啗	ham^7	ham^7	$haŋ^7$	ham^7	ham^7	ham^7
雜	$tsap^8$	$tsap^8$	$tsak^8$	$tsap^8$	$tsap^8$	$tsap^8$

以上韻字屬中古《廣韻》咸攝韻字，收 – m/ – p 韻尾，現代潮汕方言除了澄海方言只有收 – ŋ/ – k 韻尾外，仍保留 – m/ – p 韻尾的韻部。

20. 柯部

此部在粵東潮汕方言中均讀作［ua/uaʔ］。現根據潮州方言將柯部擬音為［ua/uaʔ］。

例字	汕頭	潮州	澄海	潮陽	揭陽	海豐
歌	kua^1	kua^1	kua^1	kua^1	kua^1	kua^1
紙	$tsua^2$	$tsua^2$	$tsua^2$	$tsua^2$	$tsua^2$	$tsua^2$
帶	tua^3	tua^3	tua^3	tua^3	tua^3	tua^3
殺	$suaʔ^4$	$suaʔ^4$	$suaʔ^4$	$suaʔ^4$	$suaʔ^4$	$suaʔ^4$
磨	bua^5	bua^5	bua^5	bua^5	bua^5	bua^5
禍	hua^6	hua^6	hua^6	hua^6	hua^6	hua^6
外	gua^7	gua^7	gua^7	gua^7	gua^7	gua^7
辣	$luaʔ^8$	$luaʔ^8$	$luaʔ^8$	$luaʔ^8$	$luaʔ^8$	$luaʔ^8$

（五）对卷五“江兼交家瓜”諸部的擬測

21. 江部

此部在粵東潮汕方言中均讀作［aŋ/ak］，此韻部與干部重見字，在干部中已闡述過。現根據潮州方言將江部擬音為［aŋ/ak］。

例字	汕頭	潮州	澄海	潮陽	揭陽	海豐
江	kaŋ¹	kaŋ¹	kaŋ¹	kaŋ¹	kaŋ¹	kaŋ¹
產	saŋ²	saŋ²	saŋ²	saŋ²	saŋ²	saŋ²
諫	kaŋ³	kaŋ³	kaŋ³	kaŋ³	kaŋ³	kaŋ³
角	kak⁴	kak⁴	kak⁴	kak⁴	kak⁴	kak⁴
杭	haŋ⁵	haŋ⁵	haŋ⁵	haŋ⁵	haŋ⁵	haŋ⁵
弄	laŋ⁶	laŋ⁶	laŋ⁶	laŋ⁶	laŋ⁶	laŋ⁶
汗	haŋ⁷	haŋ⁷	haŋ⁷	haŋ⁷	haŋ⁷	haŋ⁷
六	lak⁸	lak⁸	lak⁸	lak⁸	lak⁸	lak⁸

22. 兼部

此部在粵東各縣、市的閩語中比較複雜：汕頭和潮州方言讀作［iam/iap］，潮陽、揭陽、海豐方言有［iam/iap］一讀外，《廣韻》咸攝凡部字讀作［uam/uap］，只有澄海讀作［iaŋ/iak］。現根據潮州方言將兼部擬音為［iam/iap］。

例字	汕頭	潮州	澄海	潮陽	揭陽	海豐
兼	kiam¹	kiam¹	kiaŋ¹	kiam¹	kiam¹	kiam¹
減	kiam²	kiam²	kiaŋ²	kiam²	kiam²	kiam²
劍	kiam³	kiam³	kiaŋ³	kiam³	kiam³	kiam³
劫	kiap⁴	kiap⁴	kiak⁴	kiap⁴	kiap⁴	kiap⁴
廉	liam⁵	liam⁵	liaŋ⁵	liam⁵	liam⁵	liam⁵
漸	tsiam⁶	tsiam⁶	tsiaŋ⁶	tsiam⁶	tsiam⁶	tsiam⁶
焰	iam⁷	iam⁷	iaŋ⁷	iam⁷	iam⁷	iam⁷
粒	liap⁸	liap⁸	liak⁸	liap⁸	liap⁸	liap⁸

23. 交部

此部在粵東潮汕方言中均讀作［au/auʔ］。現根據潮州方言將交部擬音為［au/auʔ］。

例字	汕頭	潮州	澄海	潮陽	揭陽	海豐
胞	pau^{1}	pau^{1}	pau^{1}	pau^{1}	pau^{1}	pau^{1}
老	lau^{2}	lau^{2}	lau^{2}	lau^{2}	lau^{2}	lau^{2}
告	kau^{3}	kau^{3}	kau^{3}	kau^{3}	kau^{3}	kau^{3}
咆	p‘auʔ^{4}	p‘auʔ^{4}	p‘auʔ^{4}	p‘auʔ^{4}	p‘auʔ^{4}	p‘auʔ^{4}
喉	au^{5}	au^{5}	au^{5}	au^{5}	au^{5}	au^{5}
道	tau^{6}	tau^{6}	tau^{6}	tau^{6}	tau^{6}	tau^{6}
候	hau^{7}	hau^{7}	hau^{7}	hau^{7}	hau^{7}	hau^{7}
樂	ggauʔ^{8}	ggauʔ^{8}	ggauʔ^{8}	ggauʔ^{8}	ggauʔ^{8}	ggauʔ^{8}

24. 家部

此部在粵東潮汕方言中均讀作［e/eʔ］。現根據潮州方言將家部擬音為［e/eʔ］。

例字	汕頭	潮州	澄海	潮陽	揭陽	海豐
加	ke^{1}	ke^{1}	ke^{1}	ke^{1}	ke^{1}	ke^{1}
猛	be^{2}	be^{2}	be^{2}	be^{2}	be^{2}	be^{2}
價	ke^{3}	ke^{3}	ke^{3}	ke^{3}	ke^{3}	ke^{3}
隔	keʔ^{4}	keʔ^{4}	keʔ^{4}	keʔ^{4}	keʔ^{4}	keʔ^{4}
茶	te^{5}	te^{5}	te^{5}	te^{5}	te^{5}	te^{5}
爸	pe^{6}	pe^{6}	pe^{6}	pe^{6}	pe^{6}	pe^{6}
夏	he^{7}	he^{7}	he^{7}	he^{7}	he^{7}	he^{7}
脈	beʔ^{8}	beʔ^{8}	beʔ^{8}	beʔ^{8}	beʔ^{8}	beʔ^{8}

25. 瓜部

此部在粵東潮汕方言中均讀作［ue/ueʔ］。現根據潮州方言將瓜部擬音為［ue/ueʔ］。

例字	汕頭	潮州	澄海	潮陽	揭陽	海豐
杯	pue^{1}	pue^{1}	pue^{1}	pue^{1}	pue^{1}	pue^{1}
果	kue^{2}	kue^{2}	kue^{2}	kue^{2}	kue^{2}	kue^{2}

续表

例字	汕頭	潮州	澄海	潮陽	揭陽	海豐
貝	pue^{3}	pue^{3}	pue^{3}	pue^{3}	pue^{3}	pue^{3}
郭	$kueʔ^{4}$	$kueʔ^{4}$	$kueʔ^{4}$	$kueʔ^{4}$	$kueʔ^{4}$	$kueʔ^{4}$
陪	pue^{5}	pue^{5}	pue^{5}	pue^{5}	pue^{5}	pue^{5}
佩	pue^{6}	pue^{6}	pue^{6}	pue^{6}	pue^{6}	pue^{6}
妹	bue^{7}	bue^{7}	bue^{7}	bue^{7}	bue^{7}	bue^{7}
月	$ggueʔ^{8}$	$ggueʔ^{8}$	$ggueʔ^{8}$	$ggueʔ^{8}$	$ggueʔ^{8}$	$ggueʔ^{8}$

（六）卷六“膠龜扛枝鳩”諸部的擬測

26. 膠部

此部在粵東各縣、市的閩語中均讀作［a/aʔ］。現根據潮州方言將膠部擬音為［a/aʔ］。

例字	汕頭	潮州	澄海	潮陽	揭陽	海豐
芭	pa^{1}	pa^{1}	pa^{1}	pa^{1}	pa^{1}	pa^{1}
打	ta^{2}	ta^{2}	ta^{2}	ta^{2}	ta^{2}	ta^{2}
窖	ka^{3}	ka^{3}	ka^{3}	ka^{3}	ka^{3}	ka^{3}
甲	$kaʔ^{4}$	$kaʔ^{4}$	$kaʔ^{4}$	$kaʔ^{4}$	$kaʔ^{4}$	$kaʔ^{4}$
查	$ts‘a^{5}$	$ts‘a^{5}$	$ts‘a^{5}$	$ts‘a^{5}$	$ts‘a^{5}$	$ts‘a^{5}$
罷	pa^{6}	pa^{6}	pa^{6}	pa^{6}	pa^{6}	pa^{6}
撈	la^{7}	la^{7}	la^{7}	la^{7}	la^{7}	la^{7}
獵	$laʔ^{8}$	$laʔ^{8}$	$laʔ^{8}$	$laʔ^{8}$	$laʔ^{8}$	$laʔ^{8}$

27. 龜部

此部在粵東各縣、市的閩語中舒聲韻均讀作［u］，促聲韻字讀作［uʔ］，但很少使用。現根據潮州方言將龜部擬音為［u/uʔ］。

例字	汕頭	潮州	澄海	潮陽	揭陽	海豐
孤	ku^{1}	ku^{1}	ku^{1}	ku^{1}	ku^{1}	ku^{1}
暑	su^{2}	su^{2}	su^{2}	su^{2}	su^{2}	su^{2}

续表

例字	汕頭	潮州	澄海	潮陽	揭陽	海豐
付	hu^{3}	hu^{3}	hu^{3}	hu^{3}	hu^{3}	hu^{3}
出	ts‘uʔ^{4}	ts‘uʔ^{4}	ts‘uʔ^{4}	ts‘uʔ^{4}	ts‘uʔ^{4}	ts‘uʔ^{4}
屠	tu^{5}	tu^{5}	tu^{5}	tu^{5}	tu^{5}	tu^{5}
駐	tsu^{6}	tsu^{6}	tsu^{6}	tsu^{6}	tsu^{6}	tsu^{6}
霧	bu^{7}	bu^{7}	bu^{7}	bu^{7}	bu^{7}	bu^{7}
唔	uʔ^{8}	uʔ^{8}	uʔ^{8}	uʔ^{8}	uʔ^{8}	uʔ^{8}

28. 扛部

此部在汕頭、潮州、澄海方言中讀作［ɤŋ］，揭陽方言讀作［eŋ］，潮陽方言有［iŋ］和［ŋ］兩讀，海豐方言有［iŋ］、［in/it］兩讀。現根據潮州方言將扛部擬音為［ɤŋ/ɤk］。

例字	汕頭	潮州	澄海	潮陽	揭陽	海豐
秧	ɤŋ^{1}	ɤŋ^{1}	ɤŋ^{1}	iŋ^{1}/ŋ^{1}	eŋ^{1}	iŋ^{1}
榜	pɤŋ^{2}	pɤŋ^{2}	pɤŋ^{2}	ppiŋ^{2}/pŋ^{2}	peŋ^{2}	piŋ^{2}
算	sɤŋ^{3}	sɤŋ^{3}	sɤŋ^{3}	siŋ^{3}/sŋ^{3}	seŋ^{3}	siŋ^{3}
乞	k‘ɤk^{4}	k‘ɤk^{4}	k‘ɤk^{4}	k‘ik^{4}	k‘ek^{4}	k‘it^{4}
勤	k‘ɤŋ^{5}	k‘ɤŋ^{5}	k‘ɤŋ^{5}	k‘iŋ^{5}/k‘ŋ^{5}	k‘eŋ^{5}	k‘in^{5}
近	kɤŋ^{6}	kɤŋ^{6}	kɤŋ^{6}	kiŋ^{6}/kŋ^{6}	keŋ^{6}	kin^{6}
狀	tsɤŋ^{7}	tsɤŋ^{7}	tsɤŋ^{7}	tsiŋ^{7}/tsŋ^{7}	tseŋ^{7}	tsin^{7}
吃	gɤk^{8}	gɤk^{8}	gɤk^{8}	gik^{8}	gek^{8}	git^{8}

29. 枝部

此部在粵東各縣、市的閩語中均讀作［i/iʔ］。現根據潮州方言將枝部擬音為［i/iʔ］。

例字	汕頭	潮州	澄海	潮陽	揭陽	海豐
卑	pi^{1}	pi^{1}	pi^{1}	pi^{1}	pi^{1}	pi^{1}
底	ti^{2}	ti^{2}	ti^{2}	ti^{2}	ti^{2}	ti^{2}

续表

例字	汕頭	潮州	澄海	潮陽	揭陽	海豐
痣	ki^3	ki^3	ki^3	ki^3	ki^3	ki^3
砌	$kiʔ^4$	$kiʔ^4$	$kiʔ^4$	$kiʔ^4$	$kiʔ^4$	$kiʔ^4$
枇	pi^5	pi^5	pi^5	pi^5	pi^5	pi^5
麗	li^6	li^6	li^6	li^6	li^6	li^6
二	zi^7	zi^7	zi^7	zi^7	zi^7	zi^7
裂	$liʔ^8$	$liʔ^8$	$liʔ^8$	$liʔ^8$	$liʔ^8$	$liʔ^8$

30. 鳩部

此部在粵東各縣、市的閩語中舒聲韻字均讀作［iu］，促聲韻字則讀作［iuʔ］，但很少使用。現根據潮州方言將鳩部擬音為［iu/iuʔ］。

例字	汕頭	潮州	澄海	潮陽	揭陽	海豐
彪	piu^1	piu^1	piu^1	piu^1	piu^1	piu^1
冑	tiu^2	tiu^2	tiu^2	tiu^2	tiu^2	tiu^2
救	kiu^3	kiu^3	kiu^3	kiu^3	kiu^3	kiu^3
岫 piuʔ	—	—	—	—	—	—
求	kiu^5	kiu^5	kiu^5	kiu^5	kiu^5	kiu^5
授	siu^6	siu^6	siu^6	siu^6	siu^6	siu^6
壽	siu^7	siu^7	siu^7	siu^7	siu^7	siu^7

（七）对卷七“官車柑更京”諸部的擬測

31. 官部

此部在粵東潮汕中均讀作［uã/uãʔ］。現根據潮州方言將官部擬音為［uã/uãʔ］。

例字	汕頭	潮州	澄海	潮陽	揭陽	海豐
般	$puã^1$	$puã^1$	$puã^1$	$puã^1$	$puã^1$	$puã^1$
寡	$kuã^2$	$kuã^2$	$kuã^2$	$kuã^2$	$kuã^2$	$kuã^2$
散	$suã^3$	$suã^3$	$suã^3$	$suã^3$	$suã^3$	$suã^3$

续表

例字	汕頭	潮州	澄海	潮陽	揭陽	海豐
吔	tuãʔ^{4}	tuãʔ^{4}	tuãʔ^{4}	tuãʔ^{4}	tuãʔ^{4}	tuãʔ^{4}
泉	tsuã^{5}	tsuã^{5}	tsuã^{5}	tsuã^{5}	tsuã^{5}	tsuã^{5}
伴	puã^{6}	puã^{6}	puã^{6}	puã^{6}	puã^{6}	puã^{6}
爛	nuã^{7}	nuã^{7}	nuã^{7}	nuã^{7}	nuã^{7}	nuã^{7}
蠲 tsuãʔ	tsuã^{8}	—	—	—	—	—

32. 車部

此部在潮州、汕頭、澄海、揭陽方言中均讀作［ɯ］，潮陽方言讀作［u］，海豐方言有兩讀［i］和［u］。現根據潮州方言將車部擬音為［ɯ/ɯʔ］。

例字	汕頭	潮州	澄海	潮陽	揭陽	海豐
車	kɯ^{1}	kɯ^{1}	kɯ^{1}	ku^{1}	kɯ^{1}	ki^{1}
汝	lɯ^{2}	lɯ^{2}	lɯ^{2}	lu^{2}	lɯ^{2}	li^{2}
四	sɯ^{3}	sɯ^{3}	sɯ^{3}	su^{3}	sɯ^{3}	si^{3}
瘀	ɯʔ^{4}	ɯʔ^{4}	ɯʔ^{4}	uʔ^{4}	ɯʔ^{4}	iʔ^{4}
渠	k'ɯ^{5}	k'ɯ^{5}	k'ɯ^{5}	k'u^{5}	k'ɯ^{5}	k'i^{5}
士	sɯ^{6}	sɯ^{6}	sɯ^{6}	su^{6}	sɯ^{6}	su^{66}
箸	tɯ^{7}	tɯ^{7}	tɯ^{7}	tu^{7}	tɯ^{7}	ti^{7}
嘘	hɯʔ^{8}	hɯʔ^{8}	hɯʔ^{8}	huʔ^{8}	hɯʔ^{8}	hiʔ^{8}

33. 柑部

此部在粵東各縣、市的閩語中均讀作［ã/ãʔ］。現根據潮州方言將柑部擬音為［ã/ãʔ］。

例字	汕頭	潮州	澄海	潮陽	揭陽	海豐
擔	tã^{1}	tã^{1}	tã^{1}	tã^{1}	tã^{1}	tã^{1}
敢	kã^{2}	kã^{2}	kã^{2}	kã^{2}	kã^{2}	kã^{2}
酵	kã^{3}	kã^{3}	kã^{3}	kã^{3}	kã^{3}	kã^{3}

续表

例字	汕頭	潮州	澄海	潮陽	揭陽	海豐
甲	kãʔ^{4}	kãʔ^{4}	kãʔ^{4}	kãʔ^{4}	kãʔ^{4}	kãʔ^{4}
籃	nã^{5}	nã^{5}	nã^{5}	nã^{5}	nã^{5}	nã^{5}
淡	tã^{6}	tã^{6}	tã^{6}	tã^{6}	tã^{6}	tã^{6}
嗳	ã^{7}	ã^{7}	ã^{7}	ã^{7}	ã^{7}	ã^{7}
踏	tãʔ^{8}	tãʔ^{8}	tãʔ^{8}	tãʔ^{8}	tãʔ^{8}	tãʔ^{8}

34. 更部

此部在粤東各縣、市的閩語中均讀作［ẽ/ẽʔ］。現根據潮州方言將更部擬音為［ẽ/ẽʔ］。

例字	汕頭	潮州	澄海	潮陽	揭陽	海豐
更	kẽ^{1}	kẽ^{1}	kẽ^{1}	kẽ^{1}	kẽ^{1}	kẽ^{1}
省	sẽ^{2}	sẽ^{2}	sẽ^{2}	sẽ^{2}	sẽ^{2}	sẽ^{2}
姓	sẽ^{3}	sẽ^{3}	sẽ^{3}	sẽ^{3}	sẽ^{3}	sẽ^{3}
咩	mẽʔ^{4}	mẽʔ^{4}	mẽʔ^{4}	mẽʔ^{4}	mẽʔ^{4}	mẽʔ^{4}
楹	ẽ^{5}	ẽ^{5}	ẽ^{5}	ẽ^{5}	ẽ^{5}	ẽ^{5}
硬	ŋ ŋẽ^{6}	ŋ ŋẽ^{6}	ŋ ŋẽ^{6}	ŋ ŋẽ^{6}	ŋ ŋẽ^{6}	ŋ ŋẽ^{6}
病	pẽ^{7}	pẽ^{7}	pẽ^{7}	pẽ^{7}	pẽ^{7}	pẽ^{7}
脉	mẽʔ^{8}	mẽʔ^{8}	mẽʔ^{8}	mẽʔ^{8}	mẽʔ^{8}	mẽʔ^{8}

35. 京部

此部在粤東各縣、市的閩語中均讀作［iã/iãʔ］。現根據潮州方言將京部擬音為［iã/iãʔ］。

例字	汕頭	潮州	澄海	潮陽	揭陽	海豐
京	kiã^{1}	kiã^{1}	kiã^{1}	kiã^{1}	kiã^{1}	kiã^{1}
嶺	niã^{2}	niã^{2}	niã^{2}	niã^{2}	niã^{2}	niã^{2}
正	tsiã^{3}	tsiã^{3}	tsiã^{3}	tsiã^{3}	tsiã^{3}	tsiã^{3}
摘	tiãʔ^{4}	tiãʔ^{4}	tiãʔ^{4}	tiãʔ^{4}	tiãʔ^{4}	tiãʔ^{4}

续表

例字	汕頭	潮州	澄海	潮陽	揭陽	海豐
城	siã^{5}	siã^{5}	siã^{5}	siã^{5}	siã^{5}	siã^{5}
件	kiã^{6}	kiã^{6}	kiã^{6}	kiã^{6}	kiã^{6}	kiã^{6}
定	tiã^{7}	tiã^{7}	tiã^{7}	tiã^{7}	tiã^{7}	tiã^{7}
糶	tiãʔ^{8}	tiãʔ^{8}	tiãʔ^{8}	tiãʔ^{8}	tiãʔ^{8}	tiãʔ^{8}

（八）对卷八“蕉姜天光間”諸部的擬測

36. 蕉部

此部在潮州、澄海方言讀作［ie/ieʔ］，汕頭、潮陽、揭陽、海豐方言中則讀作［io/ioʔ］。現根據潮州方言將蕉部擬音為［ie/ieʔ］。

例字	汕頭	潮州	澄海	潮陽	揭陽	海豐
標	pio^{1}	pie^{1}	pie^{1}	pio^{1}	pio^{1}	pio^{1}
少	tsio^{2}	tsie^{2}	tsie^{2}	tsio^{2}	tsio^{2}	tsio^{2}
叫	kio^{3}	kie^{3}	kie^{3}	kio^{3}	kio^{3}	kio^{3}
惜	sioʔ^{4}	sieʔ^{4}	sieʔ^{4}	sioʔ^{4}	sioʔ^{4}	sioʔ^{4}
潮	tio^{5}	tie^{5}	tie^{5}	tio^{5}	tio^{5}	tio^{5}
趙	tio^{6}	tie^{6}	tie^{6}	tio^{6}	tio^{6}	tio^{6}
尿	zio^{7}	zie^{7}	zie^{7}	zio^{7}	zio^{7}	zio^{7}
石	tsioʔ^{8}	tsieʔ^{8}	tsieʔ^{8}	tsioʔ^{8}	tsioʔ^{8}	tsioʔ^{8}

37. 薑部

此部在粵東潮汕中均讀作［iaŋ/iak］。現根據潮州方言將薑部擬音為［iaŋ/iak］。

例字	汕頭	潮州	澄海	潮陽	揭陽	海豐
薑	kiaŋ^{1}	kiaŋ^{1}	kiaŋ^{1}	kiaŋ^{1}	kiaŋ^{1}	kiaŋ^{1}
兩	liaŋ^{2}	liaŋ^{2}	liaŋ^{2}	liaŋ^{2}	liaŋ^{2}	liaŋ^{2}
見	kiaŋ^{3}	kiaŋ^{3}	kiaŋ^{3}	kiaŋ^{3}	kiaŋ^{3}	kiaŋ^{3}
哲	tiak^{4}	tiak^{4}	tiak^{4}	tiak^{4}	tiak^{4}	tiak^{4}

续表

例字	汕頭	潮州	澄海	潮陽	揭陽	海豐
良	liaŋ^{5}	liaŋ^{5}	liaŋ^{5}	liaŋ^{5}	liaŋ^{5}	liaŋ^{5}
丈	tsiaŋ^{6}	tsiaŋ^{6}	tsiaŋ^{6}	tsiaŋ^{6}	tsiaŋ^{6}	tsiaŋ^{6}
現	hiaŋ^{7}	hiaŋ^{7}	hiaŋ^{7}	hiaŋ^{7}	hiaŋ^{7}	hiaŋ^{7}
略	liak^{8}	liak^{8}	liak^{8}	liak^{8}	liak^{8}	liak^{8}

38. 天部

此部在粵東各縣、市的閩語中均讀作［ĩ/ĩʔ］。現根據潮州方言將天部擬音為［ĩ/ĩʔ］。

例字	汕頭	潮州	澄海	潮陽	揭陽	海豐
鮮	tsĩ^{1}	tsĩ^{1}	tsĩ^{1}	tsĩ^{1}	tsĩ^{1}	tsĩ^{1}
以	ĩ^{2}	ĩ^{2}	ĩ^{2}	ĩ^{2}	ĩ^{2}	ĩ^{2}
箭	tsĩ^{3}	tsĩ^{3}	tsĩ^{3}	tsĩ^{3}	tsĩ^{3}	tsĩ^{3}
乜	mĩʔ^{4}	mĩʔ^{4}	mĩʔ^{4}	mĩʔ^{4}	mĩʔ^{4}	mĩʔ^{4}
年	nĩ^{5}	nĩ^{5}	nĩ^{5}	nĩ^{5}	nĩ^{5}	nĩ^{5}
耳	hĩ^{6}	hĩ^{6}	hĩ^{6}	hĩ^{6}	hĩ^{6}	hĩ^{6}
鼻	pĩ^{7}	pĩ^{7}	pĩ^{7}	pĩ^{7}	pĩ^{7}	pĩ^{7}
物	mĩʔ^{8}	mĩʔ^{8}	mĩʔ^{8}	mĩʔ^{8}	mĩʔ^{8}	mĩʔ^{8}

39. 光部

此部在粵東汕頭、澄海、海豐讀作［uaŋ/uak］，潮州、潮陽、揭陽有兩讀：［uaŋ/uak］和［ueŋ/uek］。現根據潮州方言將光部擬音為［uaŋ/uak］。

例字	汕頭	潮州	澄海	潮陽	揭陽	海豐
裝	tsuaŋ^{1}	tsuaŋ^{1}/tsueŋ^{1}	tsuaŋ^{1}	tsuaŋ^{1}/tsueŋ^{1}	tsuaŋ^{1}/tsueŋ^{1}	tsuaŋ^{1}
廣	kuaŋ^{2}	kuaŋ^{2}/kueŋ^{2}	kuaŋ^{2}	kuaŋ^{2}/kueŋ^{2}	kuaŋ^{2}/kueŋ^{2}	kuaŋ^{2}
怨	uaŋ^{3}	uaŋ^{3}/ueŋ^{3}	uaŋ^{3}	uaŋ^{3}/ueŋ^{3}	uaŋ^{3}/ueŋ^{3}	uaŋ^{3}
劣	luak^{4}	luak^{4}/luek^{4}	luak^{4}	luak^{4}/luek^{4}	luak^{4}/luek^{4}	luak^{4}

续表

例字	汕頭	潮州	澄海	潮陽	揭陽	海豐
皇	huaŋ^{5}	huaŋ^{5}/hueŋ^{5}	huaŋ^{5}	huaŋ^{5}/hueŋ^{5}	huaŋ^{5}/hueŋ^{5}	huaŋ^{5}
望	buaŋ^{6}	buaŋ^{6}/bueŋ^{6}	buaŋ^{6}	buaŋ^{6}/bueŋ^{6}	buaŋ^{6}/bueŋ^{6}	buaŋ^{6}
段	tuaŋ^{7}	tuaŋ^{7}/tueŋ^{7}	tuaŋ^{7}	tuaŋ^{7}/tueŋ^{7}	tuaŋ^{7}/tueŋ^{7}	tuaŋ^{7}
拔	puak^{8}	puak^{8}/puek^{8}	puak^{8}	puak^{8}/puek^{8}	puak^{8}/puek^{8}	puak^{8}

40. 間部

此部在汕頭、潮州、澄海方言裡均讀作［õi］，而潮陽、揭陽、海豐方言則讀作［ãi］。現根據潮州方言將間部擬音為［õi/õiʔ］。

例字	汕頭	潮州	澄海	潮陽	揭陽	海豐
斑	põi^{1}	põi^{1}	põi^{1}	pãi^{1}	pãi^{1}	pãi^{1}
研	ŋõi^{2}	ŋõi^{2}	ŋõi^{2}	ŋãi^{2}	ŋãi^{2}	ŋãi^{2}
間	kõi^{3}	kõi^{3}	kõi^{3}	kãi^{3}	kãi^{3}	kãi^{3}
夾	k'õiʔ^{4}	k'õiʔ^{4}	k'õiʔ^{4}	k'ãiʔ^{4}	k'ãiʔ^{4}	k'ãiʔ^{4}
蓮	nõi^{5}	nõi^{5}	nõi^{5}	nãi^{5}	nãi^{5}	nãi^{5}
奈	nõi^{6}	nõi^{6}	nõi^{6}	nãi^{6}	nãi^{6}	nãi^{6}
辦	põi^{7}	põi^{7}	põi^{7}	nãi^{7}	nãi^{7}	nãi^{7}
拔	k'õiʔ^{8}	k'õiʔ^{8}	k'õiʔ^{8}	pk'ãiʔ^{8}	pk'ãiʔ^{8}	pk'ãiʔ^{8}

綜上所述，《擊木知音》共40部80個韻母的音值，如下表：

1. 君［uŋ/uk］	2. 堅［ieŋ/iek］	3. 金［im/ip］	4. 規［ui/uiʔ］	5. 佳［ia/iaʔ］
6. 幹［ɛŋ/ɛk］	7. 公［oŋ/ok］	8. 乖［uai/uaiʔ］	9. 經［eŋ/ek］	10. 關［ueŋ/uek］
11. 孤［ou/ouʔ］	12. 驕［iou/iouʔ］	13. 雞［oi/oiʔ］	14. 恭［ioŋ/iok］	15. 高［o/oʔ］
16. 皆［ai/aiʔ］	17. 斤［iŋ/ik］	18. 薑［iẽ/iẽʔ］	19. 甘［am/ap］	20. 柯［ua/uaʔ］
21. 江［aŋ/ak］	22. 兼［iam/iap］	23. 交［au/auʔ］	24. 家［e/eʔ］	25. 瓜［ue/ueʔ］
26. 膠［a/aʔ］	27. 龜［u/uʔ］	28. 扛［ɤŋ/ɤk］	29. 枝［i/iʔ］	30. 鳩［iu/iuʔ］
31. 官［uã/uãʔ］	32. 車［ɯ/ɯʔ］	33. 柑［ã/ãʔ］	34. 更［ẽ/ẽʔ］	35. 京［iã/iãʔ］
36. 蕉［ie/ieʔ］	37. 薑［iaŋ/iak］	38. 天［ĩ/ĩʔ］	39. 光［uaŋ/uak］	40. 間［õi/õiʔ］

上表反映的是《擊木知音》40 個韻部 80 個韻母的音值。現代潮州方言有 52 個韻部 92 個韻母。如果將現代潮州方言與《擊木知音》韻母系統相對照，有 21 個韻母是《擊木知音》裡所沒有的，如：關［uẽ/］、爱/□［ãi/ãiʔ］、樣/□［uãi/uãiʔ］、好/□［ãu/ãuʔ］、虎［õu/］、□/□［iõu/iõuʔ］、幼/□［iũ/iũʔ］、畏［uĩ/］、凡/法［uam/uap］、□/□［om/op］、姆/□［m/mʔ］、秧/□［ŋ/ŋʔ］；《擊木知音》里也有 8 个韻母是現代潮州方言所沒有的，如：孤部［/ouʔ］、皆部［aiʔ］、閒部［/õiʔ］、京部［/iãʔ］、薑部［/iẽʔ］、乖部［uaiʔ］、規部［/uiʔ］、官部［/uãʔ］、車部［/ɯʔ］。

五 《擊木知音》聲調系統研究及其擬測

《擊木知音》後附有“八聲”表：

知豐	抵俸	帝諷	滴福	池鴻	弟鳳	地轟	碟或
上	上	上	上	下	下	下	下
平	上	去	入	平	上	去	入

《擊木知音》8 個聲調與現代潮州方言相對照，其調值如下：

調類	調值	例　字	調類	調值	例　字
上平聲	33	分君坤敦奔吞尊	下平聲	55	倫群唇墳豚船旬
上上聲	53	本滾捆盾囤准	下上聲	35	郡潤順慍混
上去聲	213	嫩糞棍困噴俊	下去聲	11	笨屯陣閏運悶
上入聲	2	不骨屈突脫卒	下入聲	5	律滑突術沒佛

【參考文獻】

葛劍雄主編：《中國移民史》，福建人民出版社 1997 年版。

林倫倫、陳小楓：《廣東閩方言語音研究》，汕頭大學出版社 1996 年版。

馬重奇：《福建閩南方言韻書比較研究》，《福建師範大學學報》2002

年第2期。

馬重奇:《閩台方言的源流與嬗變》，福建人民出版社2002年版。

馬重奇:《閩南方言“la-mi式”和“ma-sa式”秘密語研究》，《中國語言學報》第5期，商務印書館1999年版。

馬重奇:《清代三種漳州十五音韻書研究》，福建人民出版社2004年版。

無名氏:《擊木知音》，《彙集雅俗通十五音——擊木知音》，台中瑞成書局1955年版。

(清)謝秀嵐:《彙集雅俗通十五音》，文林堂1818年出版，高雄慶芳書局影印本。

蕭雲屏撰:《潮語十五音》，汕頭市科學圖書館1922年發行。

張世珍輯:《潮聲十五音》，汕頭文明商務書局1913年石印本。

新編《擊木知音》

馬重奇　新　著
江夏懋亭氏　原　著

擊木知音字母四十字目錄

官	江	孤	君
車	兼	驕	堅
柑	交	雞	金
更	家	恭	規
京	瓜	高	佳
蕉	膠	皆	干
姜	龜	斤	公
天	扛	薑	乖
光	枝	甘	經
間	鳩	柯	關

新編擊木知音

1君部

柳上平●腀(皮|)

上上●稐輪碖碖(石|)惌忍(白音)

上去●嫩㜥嫖腝淪(水中浮物)翟望

上入●甪(不佳也)用(手|)甩(人名)

下平●倫崙淪綸掄輪侖

●睔命圇

下上●論(|語) 下去●淪論(議也)

下入●聿律葎樟鷸綷(大縄)稡糌

邊上平●分(折開)楓(刀植)方騈黷(黑|)

上上●本畚畚(古文)畚(箕也)

上去●糞糞墳糞

上入●不不抔扒把杌(木器)

下平●歕(吹氣)呼颯

下上●体(性不慧)

下去●皈笨(粗|)笟笆

下入●桲勃渤郣俘錞

求上平●君莙軍鮶裠裙宎

上上●衮滾輥壞鯀緄揬响

上去●棍

上入●骨榾搰鮹㞓(出也)

下平●裙裠帬帬

下上●郡

下去●咽（吐貌）
下入●滑猾磆趏掘搰汩
去上平●坤堃髡崑昆焜鯤鵾鶤
上上●窘捆悃壼綑閫
上去●困睏睡（卧也）
上入●屈窟堀崛𦃈𤁌𣛗朏
下平●羣群拳捆𧌒𩋙
下上○
下去●攟
下入●淈棞𪓝核
地上平●敦埻墩鶉窀墪芚堆笹
上上●盾循揗伅頓菌

上去●杶（引也）蓴（牛丨草）
上入●窋飿㑁咄詘絀㤕柮
下平●唇脣漘㹖魨
下上●炖遯遁沌頓迍黗腯
下去●屯窀循
下入●朮突杸揬㑮湥凸
頗上平●奔賁渀繙泍鐇䪝犇
上上●翸栩撪呠㖹㮥輽
上去●噴㖹逩瀵穦餑
上入●昢（日出）朏（月未盛明）黜㛣
下平●墳坟盆湓瓫
下上●㨧

下去●坌

下入●哱粹餑丨米荸

他上平●吞惇黗

上上●腞吨悟汆哽伅讟

上去●粍鈍瘙爞

上入●脱黜怵瘖痜秃踈

下平●豚豶黗

下上●坉僫

下去●填坉

下入●旻涣㾮

貞上平●遵樽鐏尊礴鱒甎蹲

上上●准準隼褌榫鶽剸僔

上去●俊峻駿竣雋畯浚濬

上入●卒卒卆殚捽率

下平●捹逡船

下上●鋍汐豸

下去●鋍陳

下入●秫粖糯禾椊扨

入上平●㜕毹

上上●允允狁吮

上去●嘕丨口

上入●吶冏硉

下平●瞤動目毴撊

下上●潤

下去●閏閠
下入●响矶
上上●笋筍簨扻損
時上平●孫猻蓀飱槂
上去●舜蕣瞬巽噀遜潠昳
上入●戌蟀蜶恤卹鉥窣䬃
下平●旬坸洵循狥纯淳荀馴郇
下上●順
下去●癄
下入●述術遯
英上平●溫瘟熅嗢縕氳蘊鰮媼豱
上上●穩殞隕愠韞蘊

英上去●塭搵
上入●鬱兀杌扤菀尉熨
下平●焚耘纭芸匀沄篔云
下上●漬滋
下去●運韻暈鄆緷
下入●噊 睡眠
文上平●蚊汶呅蚉炆閺
上上●㦖捫
上去●沕曶
上入●吻魩鯡雯聞䎽捫們
下平●文旻纹門璊
下上●聞䎽

下去●悶

下入●圽莈没疫物⿰扌勿歿

語上平●⿰衤皐鞁

上上●⿸疒旁⿰火旁 皀俥

上去●樍⿰革頁

上入●訖汔⿰犭屈矻⿱龹乞⿱山乞疾也

下平●揮⿱君手輑

下上●輑

下去●⿱郡土⿰言賁

下入●仡杌卼

出上平●春⿱春目⿱春日⿱春曰

上上●蠢忖舛⿱艹舛⿰扌寸⿰口存 踳⿹𢦏春

上去●寸

上入●出出𡳿㞢炪黜（丨戲）

下平●存傳　下上●捘弅

下去●捘　下入●紉捽

喜上平●分芬氛昏惛棼閽婚汾豩

上上●粉朌忿憤僨渾惲

上去●訓奮

上入●笏黼忽欻弗拂惚紼句

下平●魂炃雲痕

下上●混醰

下去●分份

下入●佛伂𢇫笰㑍僵佛坲伕

新編擊木知音

2 堅部

柳上平●嗹

上上●臉槤摙僆

上去●碾圞[扌廛] 丨手

上入●栗傈㗚

下平●連聯鰱漣年憐蓮郱嗹

下上●吝藺

下去●煉練鍊

下入●列烈栗慄冽洌塛裂颲蛚

邊上平●邊邉傍 邊濱鞭

上上●扁蝙稨萹匾

上去●變变敁

上入●鱉

下平●便骿

下上●便卞忭抃辨辯辮弁

下去●便

下入●別[疒敝][亻敝]

求上平●堅鏗肩鵳捐慳鞬鍵

上上●繭簡獧筧

上去●建絹見

上入●潔結揭碣

下平●[氵堅]

下上●健建腱鞬 衣弓

下去●揵鍵

下入●傑桀竭杰碣磔

去上平●搴褰蹇搴牽愆

上上●遣犬畎繾躚甽[illegible]掔

上去●摼縴

上入●虢厥蹶拮咭噊

下平●乾乹乹虔

下上●躚

下去●菣

下入●挈硈堅實不平

地上平●顛巔巔癲瘨珍瑱傎

上上●典展輾[illegible]

上去●澱澤濫泥也肷欿

上入●哲喆嚞迭瓞秩绖桎耋

下平●玷缠

下上●奠向電[illegible]癜殿

下去●殿

下入●姪跌妷侄

下去●饡

下入●踤澈流水

貞上平●煎箋牋旃毡鸇鳣饘擅[illegible]

上上●剪翦踐餞[illegible]贐餮軫乃

上去●戰箭

上入●即堲浙折節

下平●前歬媊葥
下上●賤濺杖
下去●賤散鏇
下入●掟婝定𥲃
入上平●撚(指以搣物)讓
上上●蹨(蹂蹈)撚嚷壤釀
上去●𡠎(姓也)診
上入●若
下平●然燃𤆍肰蹨(古同跈)
下上●橪(木名)讓
下去●𦏨
下入●熱㸓㸒焫𡉏弱若喦

時上平●先仙僊苮𡖅鱻
上上●蘚癬㓶跣哂𤵸詵銑獮
上去●扇煽線信
上入●設褻薛削屑
下平●禪蟬嬋
下上●善膳繕腎譱鱔擅单
下去●夔
下入●洩緤涉
英上平●嫣湮烟鄢淵胭闉甄耑
上上●遠養
上去●燕讌嚥嬿映焉傿
上入●曰月躍約

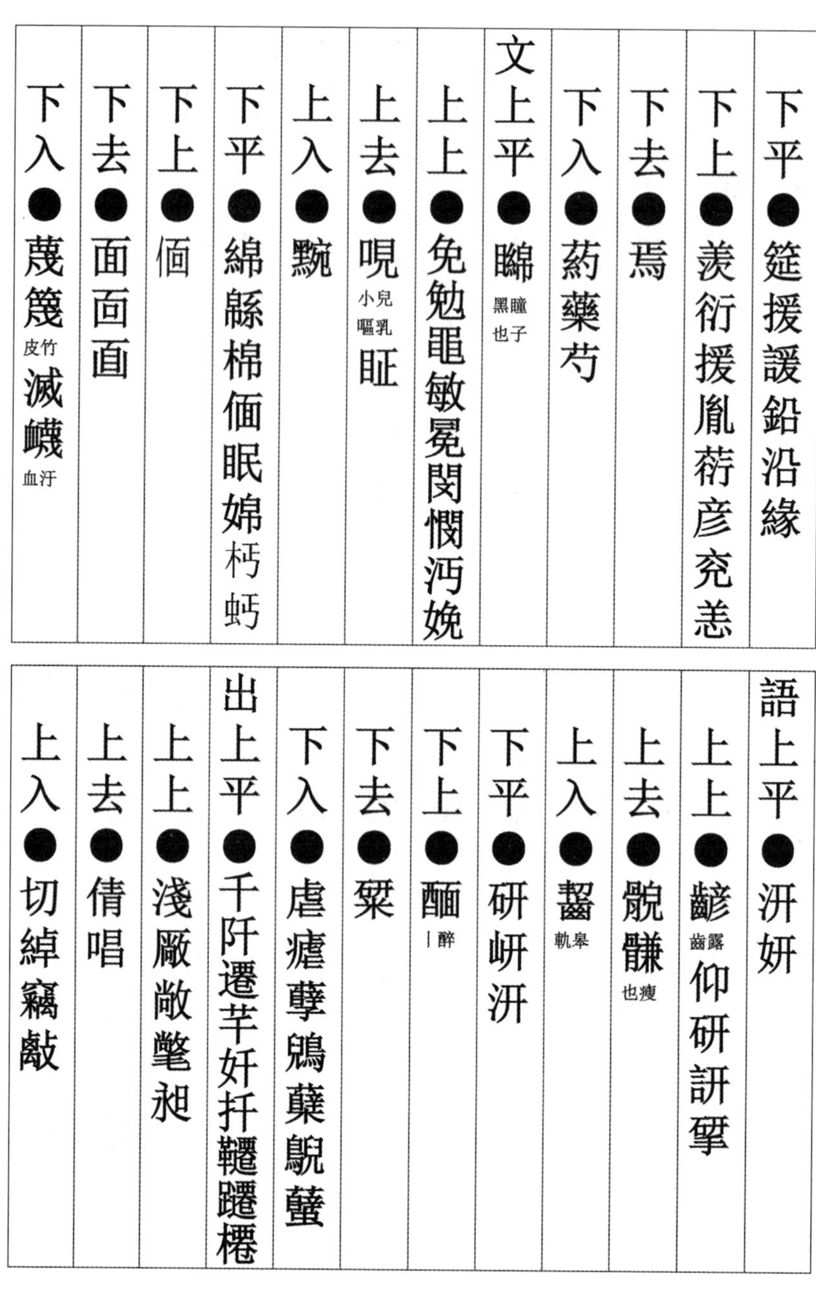

下平●筵援諼鉛沿緣

下上●羡衍援胤莚彥兖恙

下去●焉

下入●葯藥芍

文上平●矈瞳子黑也

上上●免勉黽敏冕閔憫沔娩

上去●哯小兒嘔乳眐

上入●䴢

下平●綿緜棉偭眠婂杩蚂

下上●偭

下去●面靣靣

下入●蔑篾竹皮滅衊汙血

語上平●汧妍

上上●齴露齒仰研訮擊

上去●覞䶟瘦也

上入●齧皋軌

下平●研岍汧

下上●醎醉丨

下去●粟

下入●虐瘧孽鶂蘗鶃蠥

出上平●千阡遷芊奸扦韆躚櫏

上上●淺厰敞鼈昶

上去●倩唱

上入●切綽竊齾

下平●錢前薔墻腸長
下上●棈
下去●壇
下入●跕 行而曳履
喜上平●掀焮軒
上上●顯显梘享响
上去●憲獻絢向响晌餉
上入●血歇蠍
下平●賢玄炫絃弦絢鉉懸玹玄
下上●晛
下去●現涀峴
下入●泬穴

新編擊木知音

3 金部

柳上平●[illegible]啿㱃小飲諃善言

上上●廩懍凜懍檁屋上横木

上去●㯳俯首也淋

上入●囚動也鑷攝聶

下平●臨林淋琳霖痳

下上●㩒

下去●昃

下入●立鴗厺立本字苙趛

邊上平●彬斌賓梹濱

上上●品[illegible]稟

上去●鬢鬂篦偏遍嬪擯殯

上入●筆箣笔必搒挽也

下平●緶

下上●病便偋臨丨頭向前也

下去●便

下入●畢蓽弼

求上平●金今惍黔禁

上上●錦[illegible]葠蒦

上去●禁禁㔤

上入●急給鏊

下平●棽木枝修丨

下上●妗舅之妻

下去●⿰忄禁
下入●及㳒𨗨古文字
去上平●欽衾襟衿紟荃⿱今金
上平●擒玪昑㕭
上去●欠撿按也⿰弓禁
上入●汲吸伋級岌扱泣閬繉
下平●琴琹禽檎擒蛤捡⿱珡金
下上●噤口不閉摻
下去●⿰忄犬
下入●掐瓜刺也⿰車瓜
地上平●湛鑫琛⿰甚彡精怪
上上●戡丼投石井中

上去●抌⿰㐱冘⿰瓜冘瓜青皮也
上入●孨孤丨可憐囚動也釟
下平●沉鴆⿸疒冘⿰瓜冘沈
下上●朕⿱朕灬⿰火朕⿰氵朕⿰目朕目重子也
下去●⿰火朕燖
下入●⿰犭戚
頻上平●砒
上上●貶
上去●騙⿰木幕木名
上入●匹疋
下平●屏貧頻⿱頻黽蘋
下上●⿱艹雋物也鮮不厎

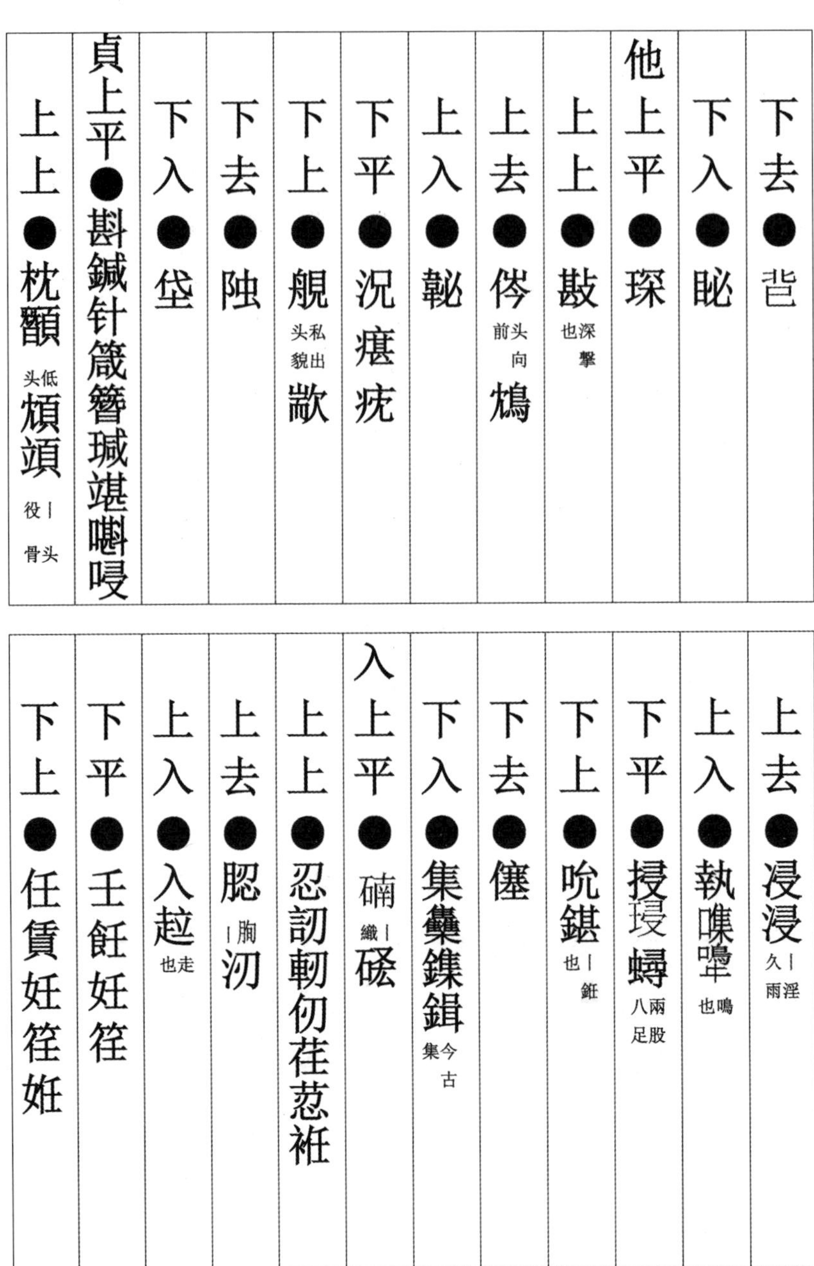

下去●呰
下入●⿰目必
他上平●琛
上上●㪟深擊也
上去●佟头向前鴆
上入●⿰韋必
下平●沉瘎疣
下上●䚷私出头貌歁
下去●⿰阝虫
下入●垈
貞上平●斟鍼针箴簪瑊⿺辶甚⿰口斟唚
上上●枕頕低头煩頭丨头役骨

上去●浸浸丨淫久雨
上入●執⿰口集嘷鳴也
下平●㨪⿰王𠬶蟳兩股八足
下上●吮鍖丨鉦也
下去●僷
下入●集雧鏶鍓今古集
入上平●䃴丨織⿰石忍
上上●忍訒軔仞荏荵衽
上去●腍胸丨⿰氵刃
上入●入⿺走立走也
下平●壬飪妊⿱竹任
下上●任賃妊⿱竹任姙

下去●仞刃任 赴丨
下入●入
時上平●心森芯⿰火心参
上上●慎審嬸沈⿰火阝覾諗稔
上去●沁煁⿸疒冘 腹中痛
上入●濕溼隰⿸疒習
下平●忱椹
下上●甚諶 丨鈺也
下去●愖
下入●習襲什拾十⿰口習
英上平●音陰阴侌瘖愔喑
上上●飲⿰厭欠歆

上去●蔭廕窨音⿱艹⿰阝音荫
上入●邑挹揖浥挹⿱艹挹⿱⺮邑⿰色巴
下平●淫婬霪
下上●汪妊⿰犭歆愔
下去●訡
下入●噏俋逸
文上平●涔 山名 ⿱雨吟
上上●葚
上去●⿸广桼⿰自見 私比头
上入●⿰赤欠 赤也又笑声 ⿸广吉
下平●⿱雨⿰口丂 小雨 ⿰氵⿱雨⿰口丂
下上●⿰舟己 自動之也 ⿰月念

	下去	●⿰禁頁
	下入	●⿰瓦乚
語	上平	●忴 也堅 固 㐀
	上上	●赺趛 疾低 行头
	上去	●砛
	上入	●⿰虫岌 行蟲 書
	下平	●吟唫訡韽岑芩涔碒
	下上	●扲揕 也抡 持
	下去	●唫扲⿰口頁
	下入	●岌⿰亻岌 人丨 衆丨
出	上平	●深⿱艹深㴱㴱深
	上上	●寝㝲寑鋟 板刻 寢

	上去	●櫬㷖秤襯㕣吣 吐嘔
	上入	●緝戢楫輯咠葺 補修
	下平	●尋㑴潯⿱⺮尋鄩
	下上	●蕈 也稉
	下去	●櫬
	下入	●揖咠
喜	上平	●歆鑫俽欣昕忻訢
	上上	●遖 走迎 也丨 噤
	上去	●廞歖 名人 衾焮
	上入	●翕翖譝
	下平	●熊　下上　〇
	下去	●噤　下入　●翕

新編擊木知音

4 規部

柳上平●鐳誄
上上●彙蕊蕋壘藟䉪礧磊瘰
上去●頪壨㠥儡
上入●恧
下平●雷擂㵢瓃靁癗耒
下上●淚泪累縲酹瘰
下去●類累銇攂礧
下入●蓽
邊上平●悲卑埤桮
上上●吡𡶛恓恃|
上去●沸疿
上入●麗
下平●肥
下上●恓蟦虫石名具
下去●吠蟦|石
下入●鴭
求上平●規窺閨圭𡋲皈奎封邽
上上●鬼傀佹
上去●貴桂䒶筀季癸瑰璝賫
上入●䃶
下平●葵高
下上●跪

字母	聲調	字
	下去	●櫃縣
	下入	●𥥍
去	上平	●虧虧開
	上上	●簋晷軌究匭傀（儡丨）
	上去	●瘁季（四丨）悸氣
	上入	●朒
	下平	●逵睽揆夔葵頄馗
	下上	●饋餽愧簣匱
	下去	○
	下入	●稑
地	上平	●追䊧磓自垍䑓
	上上	●㔟挽

字母	聲調	字
	上去	●對對碓
	上入	●碡
	下平	●搥搥（打也）
	下上	●隧縋䵋墮懟（然也）
	下去	●隊
	下入	●攡
頗	上平	●坯
	上上	●伓北
	上去	●屁鼠屁竊配唾（涎丨）
	上入	●扑
	下平	●斐呸（口丨也）
	下上	●啡伓

下去●贔

下入●衄

他 上平●梯

上上●腿蹆褪

上去●退頧 头缩也

上入●慉

下平●⿰木退錘鎚⿸疒追槌

下上●逯⿺辶業 足不前 ⿺鬼頁 头不正又大

下去●倕 重｜也

下去●⿰舟鹿

貞 上平●錐隹椎騅栔⿰月睪

上上●水紫 鳥喙

上去●醉酻

上入●⿱隹虫

下平●厜屡 肉錐也 刹 割也進也

下上●萃悴睟瘁猝祟罪贅

下去●睟

下入●髑

入 上平●芮⿰禾委 禾四把曰｜

上上●唯

上去●淬 寒也

上入●⿰石肅

下平●帷維唯惟倭 薑｜

下上●遺叡睿鋭

下去●餧
下入●劌
時上平●雖綏荽蓑簑衰縗
上上●髻
上去●邃深遠也稅帥
上入●搣
下平●誰隨倕垂箠陲捶浵
下上●瑞遂襚睡
下去●穗穟木成秀
下入●饋
英上平●威葳逶丨延醫喂
上上●委諉偉喟渭葦煒瘴

上去●畏謂尉慰蔚茂也
上入●猤
下平●為爲韋圍幃桅違
下上●偎鄗蜎
下去●位胃蜎
下入●纀
文上平●霺溦濈霦细雨眛輕視
上上●美亹媄尾梶娓
上去●黴斜吻
上入●䍙
下平●微薇霺
下上●頪魄

下去●痱
下入●蕐
語 上平●𠱓榤 稻名
上上●姽隗頠
上去●䣯 酒醉甚 魏
上入●瘃
下平●危巍嵬隗 高也
下上●僞偽詭嬀
下去●魏
下入●擉
出 上平●催崔炊
上上●揣惴毳髓

上去●碎觜嘴翠粹琗稡
上入●噣 下平●䭨 食也 啐
下上●竁壝
下去●𨂥 下入●暑
喜 上平●緋扉菲斐霏騑徽翬
●䨽麾翡腲䎶輝
上上●卉誹匪朏悱篚棐毀
上去●廢肺費芾剕諱茷廥
上入●㱿 下平●缶
下上●惠彗慧篲蟪譓惷恚
下去●緯 萬丨紗丨 济
下入●斯

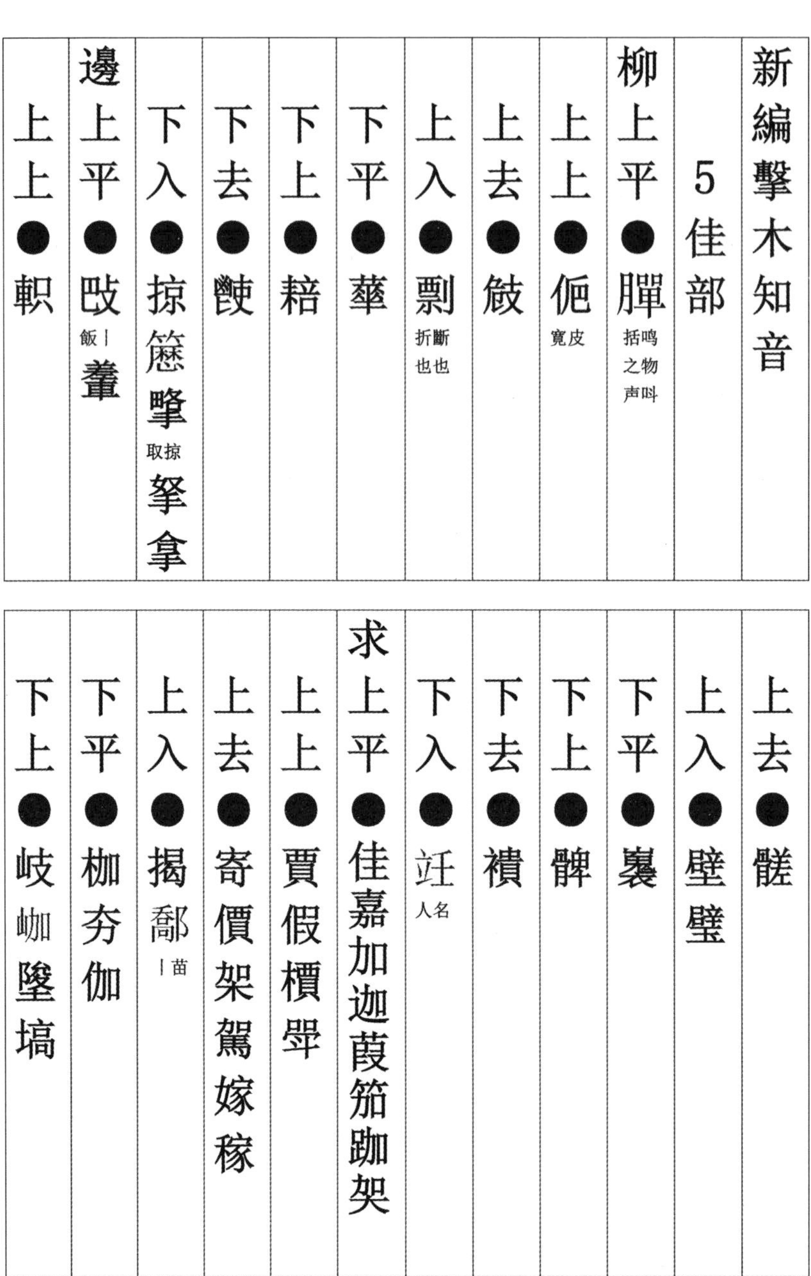

新編擊木知音

5佳部

柳上平●⿰月單括鳴之物声叫

上上●伌寬皮

上去●⿰食支

上入●剽折斷也也

下平●蕐

下上●⿰米吉

下去●⿰骨便

下入●掠簾擘取掠拏拿

邊上平●⿰日支飯|輂

上上●軹

上去●髊

上入●壁璧

下平●裹

下上●髀

下去●禬

下入●迋人名

求上平●佳嘉加迦葭笳跏架

上上●賈假檟斝

上去●寄價架駕嫁稼

上入●揭鄗|苗

下平●枷夯伽

下上●岐⿰山加墜塙

下去○
下入●屐屐庋屧擇劇
去 上平●呿張开佉神名單雙之對
上上●菌
上去●覑人名輢
上入●隙郄
下平●騎⿰虫奇馬灵｜
下上●企仳站正立不行⿱比立
下去●騎竪豎｜菸
下入●焀庢
地 上平●爹
上上●池馳俱咒字奈鮓鱼｜

上去●⿰亻夜梵语
上入●摘謫
下平●⿰木奈⿸虍䖵
下上●哋咒声⿰骨尤
下去○
下去●羅攞
頗 上平●謕人名戟
上上●⿰弓昜
上去●侐
上入●僻癖
下平●⿱亼平坪鋋
下上●庤

	下去	●	坪
	下入	●	甓
他	上平	●	宗（丨室）嫁（女字）詏（人名）簞
	上上	●	鄁
	上去	●	泉
	上入	●	折紤
	下平	●	膎
	下上	●	嵗
	下去	●	敥
	下去	●	挾諫
貞	上平	●	遮𠎝
	上上	●	者姐馳她媎

	上去	●	蔗樜夾柘
	上入	●	跡迹蹟这隻鷓脊
	下平	●	𤟹
	下上	●	藉籍
	下去	●	謝（姓）
	下入	●	食
入	上平	○	
	上上	●	惹喏搦嗦𣈜
	上去	●	偌
	上入	●	榒
	下平	●	惹
	下上	●	䑛

下去●偌（姓）
下入●楉
時上平●賒（不交也）賖斜邪些
上上●捨舍寫
上去●瀉舍赦卸掵邪
上入●錫削
下平●佘斜邪麝
下上●社禇禬禬袿
下去●射謝榭麝
下入●席鮒鮒（魚｜）
英上平●耾㴸（深｜）伢䆣（察嬌態）
上上●野埜冶壄

上去●伿（惰也）
上入●益
下平●爺爷耶椰鎁
下上●供
下去●亦也斊菸（以手散物）
下入●易驛蝶奕
文上平●酶
上上●乜苺（人名）
上去●蜼
上入●袓
下平●名
下上●藒

下去●命侖
下入●瑿
語上平●諸名人
上上●雅
上去●迓
上入●擮開躆開足丨
下平●琊牙呀挪芽蚜
下上●呀
下去●宅
下入●夆
出上平●賒奢車硨蛼
上上●偖炧烢且哆口張

上去●覰趄瘅也泄
上入●赤夹捙
下平○　下上●撦
下去●坬
下入●箓丨油屖屓
喜上平●鞾韡颬痄
上上●嘩欱上去●暇睞
上入●歇嘟
下平●霞遐瑕
下上●下瓦蟻座
下去●夏
下入●額役　卷一終

新編擊木知音

6 干部

柳上平●趼生足｜底 囒哰｜ 癱｜肩 砱｜石

上上●囊籠嬾懶俺赧

上去●羅攦

上入●喇揦漯水名

下平●闌蘭瀾欄难零聾聾狼

下上●朗浪弄爛䠨 屪陽物

下去●難䟕

下入●力六陸樂䟛搙物捻 䃶爪以

邊上平●班斑癍帮邦方枋崩頒

上上●榜板版舨扳疲髈眅

上去●放扒扮

上入●剝腹幅亳北八仈捌駁識

下平●瓶鉼馮房

下上●謗

下去●扒｜打

下入●縛別璞

求上平●干江杆玕間剛艰綗奸

上上●講簡鐧囝幹港澗柬揀

上去●諫幹蠣降絳洚烱堅刀

上入●結各覺葛角桷墼揫

下平●戣復也相投

下上●箇也仔 䡅出日光照

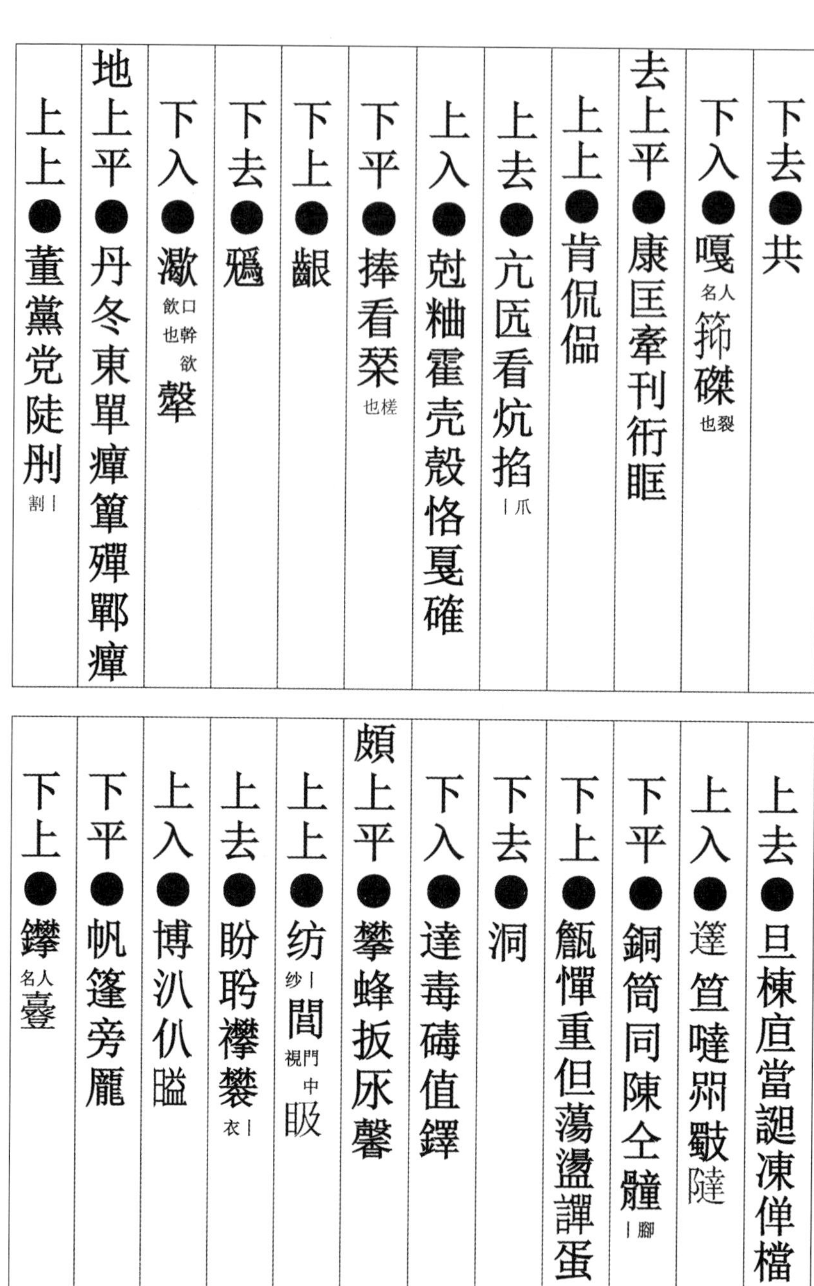

下去●共
下入●嘎人名篛磔裂也
去 上平●康匡牽刊衎眶
上上●肯侃偘
上去●亢匼看炕掐爪丨
上入●尅粬霍壳殼恪戞確
下平●捧看栞槎也
下上●齦
下去●[illegible]
下入●澉口幹欲飲也磬
地 上平●丹冬東單癉簞殫鄲癉
上上●董黨党陡剬丨割

上去●旦棟亶當誕凍僤檔
上入●逹笪噠剟戳[illegible]
下平●銅筩同陳仝[illegible]腳丨
下上●甋憚重但蕩盪譚蛋
下去●洞
下入●達毒碡值鐸
頗 上平●攀蜂扳厎馨
上上●纺丨紗閒門中視眅
上去●盼聘襻襻丨衣
上入●博汃仈瞌
下平●帆篷旁龐
下上●鐢人名[illegible]

下去●吉缝

下入●雹襮曝㬥

他上平●螳湯灘攤嘽

上上●坦袒桶毯禫疸亶錟

上去●嘆歎趂

上入●躂闥鏈韃撻踢獺㺚

下平●彈棠檀壇蟲唐螳桐

下上●擲搪組（缝補）

下去●糖戙

下入●讀韋浡（出水）蠹

貞上平●莊罾繒曾棕椶鬉騌揔

上上●撮喒盞琖

上去●壯粽棧贊讚纘鑽鄫

上入●作節櫛

下平●欉叢層嶒琤（澆丨水）賢

下上●臟縺濺

下去●贈

下入●蠘鰂擉蕮腈墳葛罡

入上平●⿰豕叟⿰黑尨

上上●豣（豕野）鮖

上去●⿰車金

上入●玒袙

下平●蝂衆（名獸）

下上●⿰貝疋餞

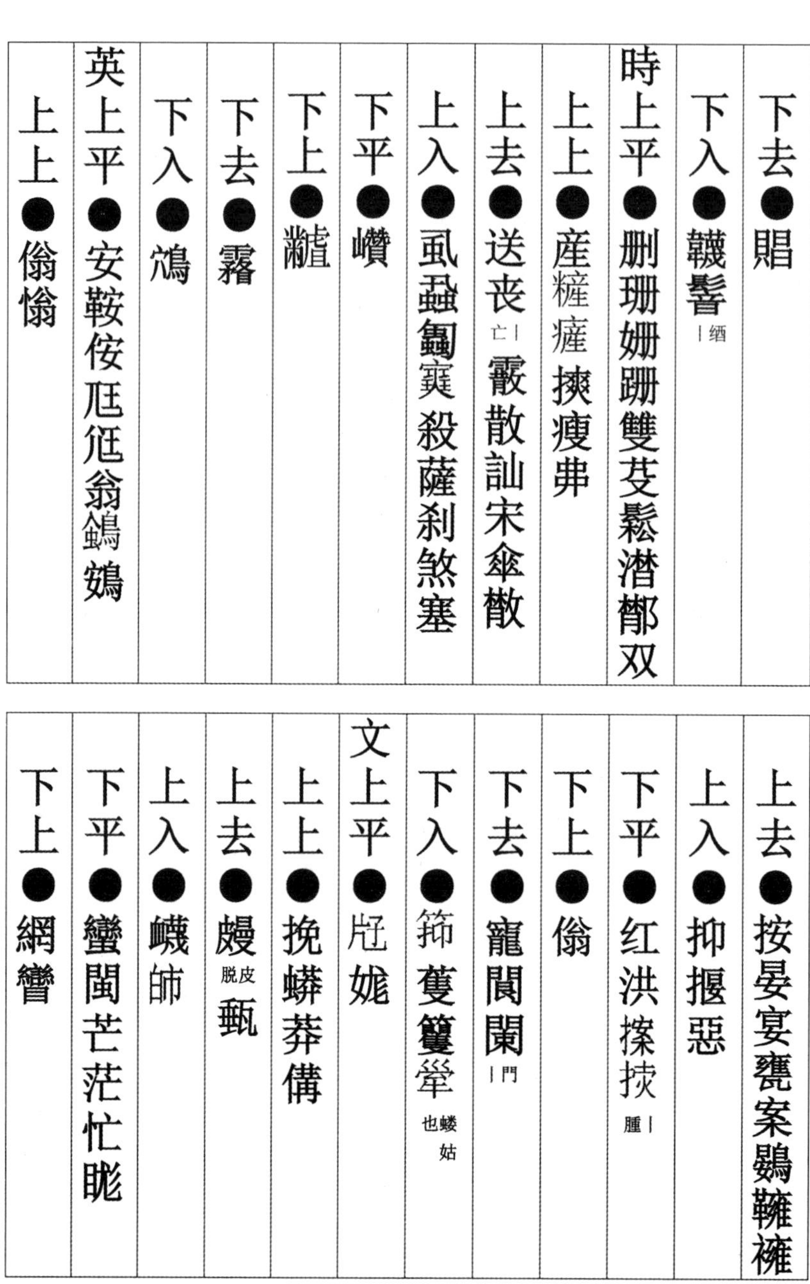

下去●䞎

下入●韈鬠 丨缅

時上平●删珊姗跚雙芟鬆潸鄁双

上上●産䊲𤸭摤瘦弗

上去●送丧 亡丨 霰散訕宋傘㪔

上入●虱蝨䬻窶殺薩刹煞塞

下平●巑

下上●𣽯

下去●䨮

下入●鴪

英上平●安鞍侒厔偓翁鎓鶲

上上●傟慃

上去●按晏宴甖案鷃𩌒𧝋

上入●抑揠惡

下平●红洪搽掞 腫丨

下上●傟

下去●竉閧𨶖 丨門

下入●𥮗蒦籆䈦 螻姑也

文上平●尪娏

上上●挽蟒莽傋

上去●𤿎 脱皮 㼝

上入●巇帥

下平●鑾閩芒茫忙𥉭

下上●網𦅻

下去●夢𡖕緩蕻

下入●目茉黙墨密𠌫眂視恶

語上平●昂唵

上上●眼耩

上去●䕯𤢖

上入●㮗屵岸高也

下平●言垠顏𡁾硡

下上●雁鴈諺喭彥鳶犴㸟

下去●截

下入●岳嶽咢蕚噩鱷鰐

出上平●潺孱葱蒼餐倉滄艙

上上●鏟剗䤘蹍鬞鬖

上去●創燦璨灤粲鬖不宜乱也

上入●察漆滕錯泦䫷剝

下平●藏匨殘牂田鏦

下上●艬

下去○

下入●賊鑿

喜上平●魴鱝䜷

上上●罕悍捍僩瞯覵䶫

上去●漢僙熯暵𦼮㿻

上入●瞎豁褐曷涸衂

●㲜轄犎

下平●寒韓杭降秔行

●翰
下上●限項
下去●巷衖閈
下入●學斈[illegible]礐㱿

新編擊木知音
7 公部
柳上平●磬鑿鏧鈴
上上●隴壟儱廊穠
上去●軆體躴 康身长大也
上入●皺 鼻也 衂用䶊 鼻出血也
下平●農濃蕽穠醲隆瓏朧
下上●弄　下去●哢挵
下入●雒䑬僇酪祿錄碌
●洛絡麓駱蓼戮
邊上平●帮幫
上上●榜绑[illegible]鎊

上去●謗磅艕

上入●卜北百白幅駁博㦭

下平●滂馮螃房

下上●㵐塝

下去●磅一|十二ㄡ

下入●僕仆縛薄嫸

求上平●公工攻功蚣扛玜玒鋼瓦器

上上●管廣

上去●貢䔈塨䪌槓焵徍

上入●國国谷穀絡[illegible]幗囻囯蟈

下平●㾠痓热病||嫃

下上●汯

下去●噴|頭

下入●咯㖔鼻聲

去上平●空倥悾崆硿箜康

上上●孔𣏾

上去●控貢愩

上入●鵠梏郜酷措䓝䧼嚳

下平●䵼黑也貢　下上●控

下去●䡖錓　下入●硞石聲

地上平●中忠東冬佟咚

上上●董腫肥|𣿅𤩄心乱憧懂

上去●疼凍棟蝀腖倲中

上入●督琢啄篤摩築[illegible]

●鏦豝豝
下平●慟酮磄
下上●仲動重㮍
下去●岩
下入●獨逐涿櫝犢瀆牘
●讟遺妯
頗上平●摓䑦（脹虛）胮（脹腹）
上上●抔拌（丨雨物丨）覫
上去●腁胖炐
上入●卜樸撲璞矸濮鏷膊髆
下平●篷朋鵬縫帆綳
●颰撻䮾蓬

下上●埲　下去●膨
下入●雹胞襮
他上平●通嗵樋㠉湯
上上●統寵冢塚桶匒埫
上去●痛㼿
上入●托託拆拓籜
下平●同侗桐峒童橦幢潼曈
下上●錫
下去●洞
下入●讀牘
貞上平●宗踪琮蹤螽终碂㚇
上上●總総踵揔種綜

上去●縱衆衆中伓

上入●足祝祝嗕鸀

下平●叢灇

下上●從从從兄弟

下去●[illegible]

下入●族簇鏃瘯[illegible][illegible]鷟

入上平●毦[illegible]

上上●冗[illegible]

上去●[illegible]

上入●肉玐玉未成器也

下平●戎狨绒茸[illegible]鞯𧳋

下上●[illegible]　下去○

下入●辱[illegible][illegible]褥㦺蓐

時上平●嵩鬆双

上上●聳悚竦棟[illegible]搡總

上去●宋送

上入●淑叔俶寂菽夙宿肅蓿

●速束

下平●松崧淞柗

下上●誦頌[illegible]訟

下去○

下入●俗属續贖

英上平●翁螉

上上●瞈丨曚目不明也滃勜䆯室中暗

上去●甕盎坱瞈塕塵起[illegible]人名	上入●屋渥握齷沃鄔楃惡堊	下平●蓊	下上●唪颫	下去○	下入●喔	文上平●摸[illegible]	上上●某畝莽蟒鉧	上去●牞曚矇[illegible][illegible][illegible]	上入●獏猪食粉貌目木	下平●蒙朦牟艨	下上●茂懋楙貿

下去●懜	下入●目苜莫寞穆沐睦牧缪	語上平●鉚螉	上上●骯馬头高也駠	上去●贛	上入●咢	下平●卬茚駠	下上●覂	下去●[illegible][illegible]岇[illegible]駠仰	下入●鱷偔	出上平●[illegible]冲忡充衝狆匆驄葱	上平●驄　上上●愴

上去●創刱從

上入●捉促齪浞觸蹴頗躄戳

下平●從崇蓯蟲 下上●駥從

下去●仳銃 下入●鑿

喜 上平●豊封葑鋒烽峰丰吽鉗訌

上上●俸哄汞頮唪琫諽澒玤𨑀

上去●諷賵贑

上入●福覆覂馥輻蝠輹

下平●逢鴻洪宏弘閎紅虹𩖮泓颫

下上●鳳鵞奉

下去●哄衆声喝也汞水艮凬轟

下入●或域緎黬服伏閾斛茯復鵬澓伏

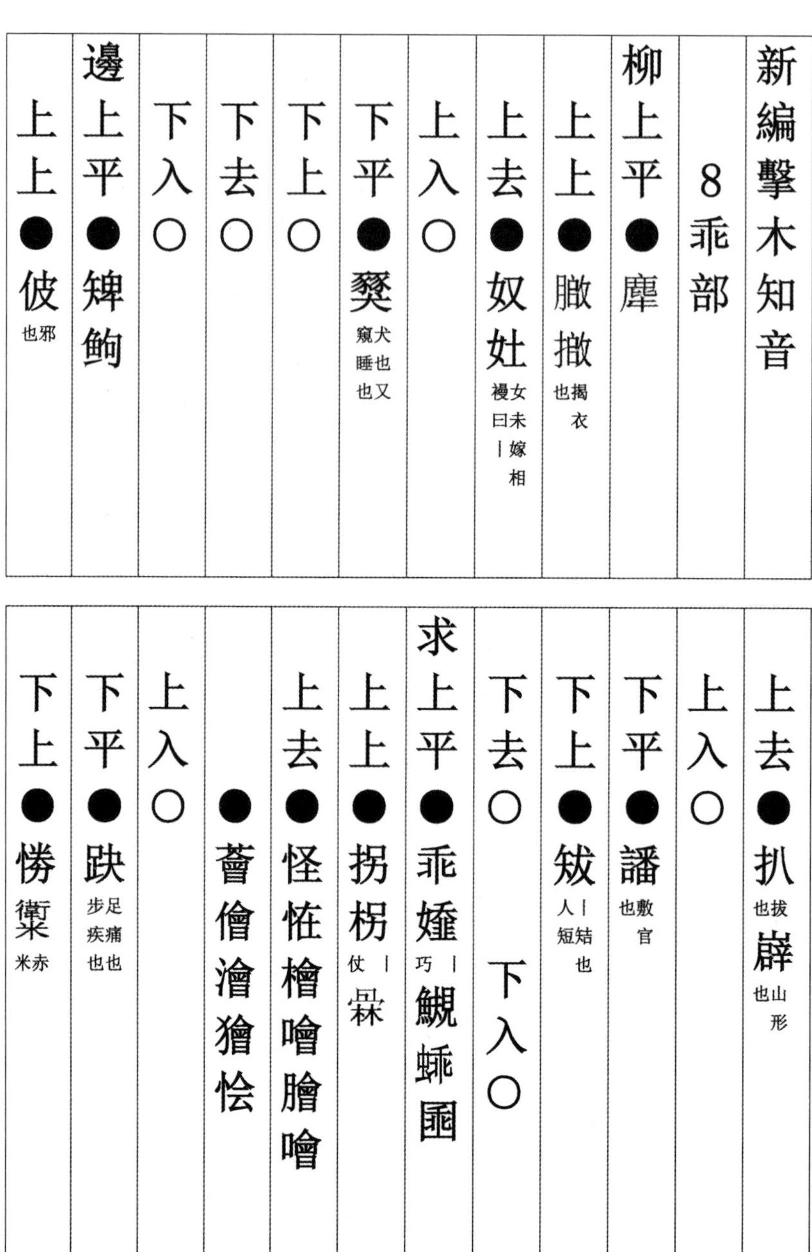

新編擊木知音

8 乖部

柳上平●靡

上上●撇撤 揭衣也

上去●奴妵 女未嫁相謾曰｜

上入○

下平●奱 犬睡也又竄也

下上○

下去○

下入○

邊上平●牌鮈

上上●佊 邪也

上去●扒 拔也 嶭 山形也

上入○

下平●譒 敷官也

下上●𡕢 ｜姞短人也

下去○ 下入○

求上平●乖 𡡒 ｜巧 鱑 蜶 囷

上上●拐 柺 ｜杖 𣏝

上去●怪 恠 檜 噲 膾 噲

●薈 儈 澮 獪 𢖬

上入○

下平●趹 足痛也 步疾也

下上●僗 𥽮 赤米

下去○
下入○
去 上平●⿱罒可 口旁也 勑 有力
上上●瘚 瘖中泠丨
上去●快蒯
上入○
下平●快
下上●忲 愓也
下去○
下入○
地 上平●豣 古丨
上上○

上去●剬 断也
上入○
下平●⿰石過磓⿰石𠂤 聚石
下上●⿸厂風
下去○
下入○
頗 上平●⿰王全 美玉也
上上●⿰⻊分 蹶丨
上去●硜 藤屬蜀人續為布
上入○
下平●鮃 魚名
下上○

聲	調	字	注
	下去	〇	
	下入	〇	
他	上平	● 弴	畫弓也
	上上	● [走楚]	走也
	上去	● 都	亭名在吳丘
	上入	〇	
	下平	● [糹待]	系機下足踏之物也
	下上	〇	
	下去	〇	
	下入	〇	
貞	上平	● [扌罪]	丨倒損也
		[亻𠂢]	丨邦又不正也
	上上	〇	

聲	調	字	注
	上去	● 偬	困貌
	上入	〇	
	下平	● 鉧	丨精金也
	下上	● 囋	丨菽飯水
	下去	〇	
	下入	〇	
入	上平	● 剸	
	上上	● 餧	飢也
	上去	〇	
	上入	〇	
	下平	〇	
	下上	〇	

下去○

下入○

時上平●衰⿸疒衰

上上●卡育穴也鏤刻雕鉄

上去●䊶苗米也

上入○

下平○

下上○

下去●根

下入○

英上平●挖歪咼喎

上上●跦足跌也捌

上去●⿰黑會𪖾端息

上入●⿱丆好不好也

下平●眽丨留地名在绛州也

下上●跦

下去●外

下入○

文上平○

上上●侮慢易也

上去○

上入○

下平●錍丨謂之銛曰斧屬也

下上○

下去○

下入○

語 上平● 庲 絻人名

上上● 佹出丨

上去○

上入○

下平● 詭竭丨惰也 𧳜金丨

下上● 瞶 隤 旳目明遠親也

下去● 頪痴不聰明

下入○

出 上平● 媿醜也淫也侮也

上上● 瘣下部病也

上去● 攂擲杯也

上入○

下平● 膗 䧳 腄 𦨣

下上● 憓 憓

下去○ 下入○

喜 上平● 倠 竵不正

上上● 銛害自用之意也

上去● 餂小声 櫘木名皮可牽船

上入○

下平● 淮水名 槐木名 懷 柸

下上● 檌 壞毀也

下去● 壞 下入○

新編擊木知音

9 經部

柳上平●乳|中腺盜安也㜣乳也湩乳汁鑨

上上●隴龔瓏嶺領瞕盯|視也冷

上去●倰行貌㱥|春回病柃坽踜

上入●力朸

下平●龍能靈灵唎寧甯寍嚀濘陵凌䬬鯪菱

下平●夌薐朧欞醽蠕圀鴒

下上●令伶苓酊㚐齡年齒嚨蛉刢瓴伶玲朧瓏

下去●倰鴒𠜾泠舲鯪鈴稜綾零櫻聆

下入●勒力扐綠肋瀝坳陸櫟

邊上平●水冰冫兵浜崩仌𤻱硼

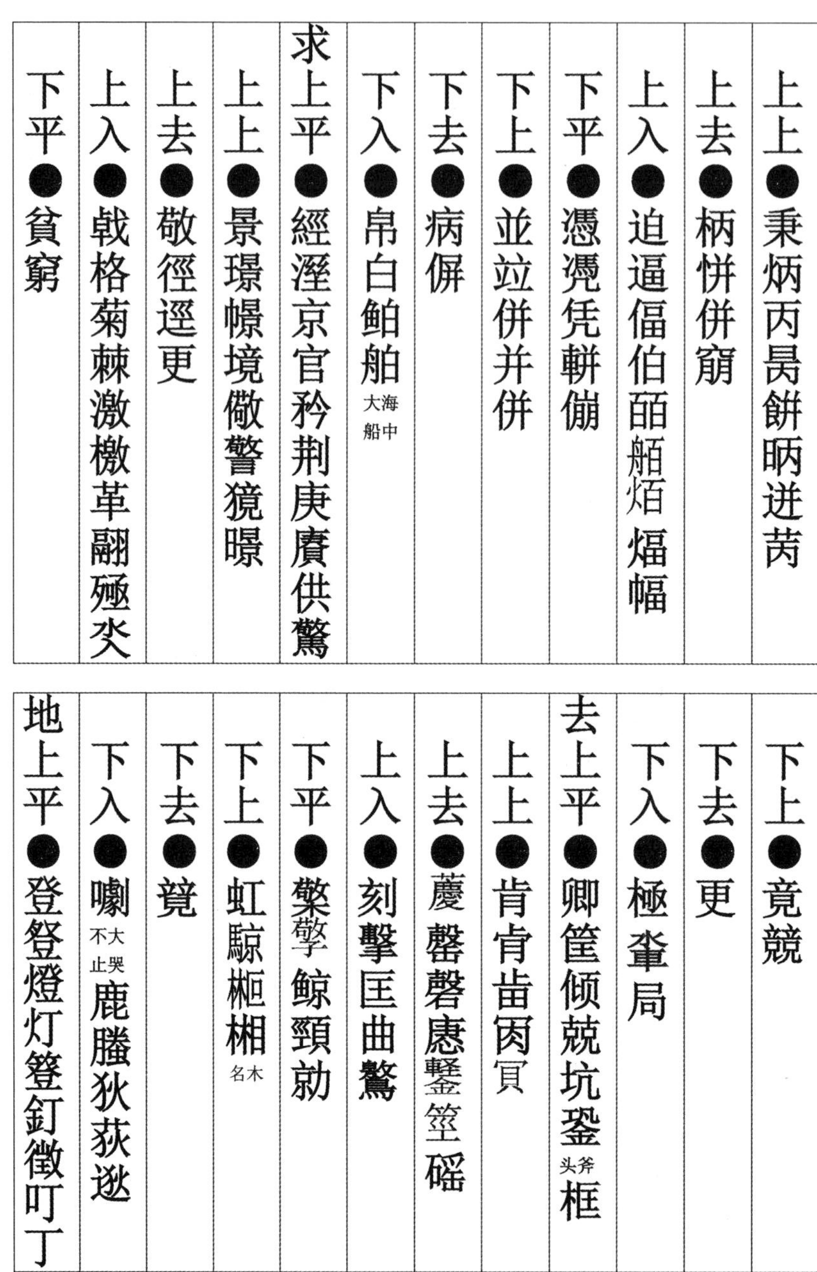

上上●秉炳丙昺餅昞迸苪

上去●柄怲併窉

上入●迫逼偪伯皕舶焰煏幅

下平●憑凴凭軿倗

下上●並竝併并倂

下去●病偋

下入●帛白鮊舶（海中大船）

求上平●經涇京官矜荆庚賡供驚

上上●景璟幜境儆警獍暻

上去●敬徑逕更

上入●戟格菊棘激檄革翮殛炏

下平●貧窮

下上●竟競

下去●更

下入●極䇥局

去上平●卿筐傾兢坑鋆（斧头）框

上上●肯肻齒囷𡨟

上去●慶罄磬慶罄箜磘

上入●刻擊匡曲驚

下平●檠擎鯨頸勍

下上●虹騲榧楿（木名）

下去●竸

下入●噱（大哭不止）鹿臌狄荻逖

地上平●登簦燈灯簦釘徵叮丁

上上●頂嵿等鐤渞町虰鼎
上去●凳椗中鐙磴隥
上入●德悳篫嫡樀謫蹢得淂
下平●亭重渟婷諪
下上●錠鄧掟定
下去●僜迦
下入●值滌藋翟敵笛鼜迪特
頗上平●亨醇錞𨠍娉
上上●眪淺泊髶㑥詐僞人也
上去●聘騁誧
上入●碧珀魄擘匐霹礔闢
下平●平評苹萍砰朋珊鵬

下上●椪
下去○ 下入●鼊甓
他上平●汀聽廳听撑窩窗總
上上●挺逞郢艇徵娗頲珽
上去●[illegible]听程裎溻根
上入●勅筋戎陟惕禿裼慝剔
下平●庭廷澄停縢騰驣
下上●停
下去●磴 下入●宅峼蚱踖
貞上平●貞偵楨增僧憎征精蒸
●晴鍾春
上上●腫瘇種整熥灯最日出

上去●政衆⿱虫一証症種訂⿱罒金
上入●則⿰木則叔積責⿸疒責窄燭
下平●嘗尝晴
下上●淨靖靜諍竫精
下去〇
下入●澤壹弌一
入上平●⿰酉戌酒也胥
上上●阱井水⿸疒蟲虫名
上去●訂厚也就也仍重另也
上入●趄赴走也
下平●仍另迈⿰言乃礽⿱仍土扔陾
下上●孕⿰女孕塍⿰𤔔孕

下去●賸 下入●汐
時上平●生甥升昇笙陞甡
●鉎牲泩
上上●省⿰阝省⿸疒省偗
上去●勝⿰月勝亘古文聖性姓
上入●色夕息媳識穡式軾
●瑟飭
下平●成誠丞拯晟城乘
下平●郕⿰扌亟承 下上●盛乘
下去●剩賸 下入●熟
英上平●英纓櫻鶯鷹癭要⿱賏火
上上●湧影

上去●應蘸膺癊
上入●溢臆嗌厄億(十萬)挹搤
下平●營䔈縈瀯嬴盈滎螢瑩
下上●爃(水汀丨)[illegible]
下去●用
下入●翼翊弈繹譯懌掖腋億弋
文上平●[illegible](清米)
上上●皿猛蜢艋
上去○
上入●麥蛨(蟲名)
下平●明盟銘茗瞑冥鳴萌盲蓂
下上●命[illegible]孟[illegible]艋

下去●瞢
下入●陌貊佫麥脉覔[illegible]默
語上平●皏(白貌)
上上●研矨(短小)
上去●齦(齒根肉)遉
上入●逆隟(裂也)
下平●迎疑嶷
下上●硬毅
下去●迎
下入●逆鶂玉獄
出上平●清稱称偁青圊
上上●請　上去●銃

上入●粟谷慼戚側揤測
下平●情精撜下上●靚
下去●穿　下入●趩搣測
喜上平●興胸胷亨馨兄
上上●悻（恨也）緈（直也）
上去●興礐佪哼惧嬹
上入●黑赫嚇核嚇貉
下平●形刑型珩玉恒
●行俐邢橫
下上●杏幸倖荇倖奔
下去●莧
下入●覡弍或罭喘

新編擊木知音
10關部
柳上平●蠕（獄重貌）嚀（｜語蟲名）官撊擐
上上●煖暖煗暝餪軟卵
上去●戀㜻
上入●劣埒捋究
下平●鑾銮孿鸞鸾圝欒峦
下上●亂乱
下去●戀傼傼
下入●辣呼頨閔
邊上平●搬般舦㗞
上上●餅料粄（眉米餅）舨阪圾

上去●半绊柈
上入●鉢砵嘇撥
下平●盤磐瘢媻姅
下上●叛畔
下去●半
下入●跋渤勃茇越桲或亱魃拔誟
求上平●關闗官棺倌觀冠瘝鰥嫾
上上●錧管晋捲琯逭輨綰錈卷
上去●貫毌眷矔慣灌鸛券
上入●決快訣鴂鴃玦括刮砄适
下平●鬈婘也美
下上●倦惓勌

下去●縣券盥
下入●酟橛槷
去上平●寬肱紘圈傾
上上●欵頃
上去●壙獷纊曠貺況誆
上入●擴鈌濶橛
下平●權杈拳煢鬈髮[illegible]
下上●揎箞行曲
下去●[illegible]
下入●柄桔[illegible]筈
地上平●端[illegible][illegible]鍴偳
上上●短[illegible]

上去●斷煆鍛
上入●奪掇
下平●摶
下上●篆彖
下去●叚傳
下入●奞
頗上平●藩潘蕃蟠磻鄱拌拚
上上●坢趃也走
上去●泮判沜
上入●潑襏鉢
下平●弁盤磐槃拚蹩鎜盇
下上●伴

下去●判
下入●跋鈸
他上平●猯貒煓湍
上上●豫
上去●鍛搬
上入●兑悦脱
下平●傳團
下上●隫名地鄟
下去●掭
下入●啹
貞上平●専耑顓遄尊
上上●轉囀

上去●鑽攢囋
上入●拙茁绝
下平●泉全
下上●撰饌噀撰譔
下去●擋
下入●绝
入上平●鬆堧壖
上上●軟耎輭
上去●雞鷄
上入●膞名人悅侻説
下平●撋㨎瓀
下上●纂纂

下去○
下入●悅閱
時上平●宣喧楦萱瑄暄
上上●選選覺見相授梭
上去●算筭蒜祘選潠
上入●説𠝤欶
下平●旋璇璿掟淀漩
下上●[illegible]淀
下去●算銓掟
下入●讞礹[illegible]
英上平●冤鸞鴛彎淵
上上●苑宛婉碗盌浣澣埦

上去●怨詠

上入●日濣幹

下平●完缘轅袁員猿莞

下上●爰援媛湲

下去●怨

下入●越粤鉞閾閱武

文上平●漫鬘

上上●满瀳罔

上去●㦎㾯

上入●秣抹粖眛妹

下平●漫樠顢

下上●慢幔曼蔓

下去●萬万

下入●末沬

語上平●刓冠嚾

上上●玩翫妧阮頑眎

上去●傿澌

上入●阞仿

下平●元沅頋原源嫄騵螈

下上●願愿謜

下去●亂

下入●月刖鈅仴峭名山

出上平●川圳玔釧穿

上上●喘舛歂踹

上去●串鉀⿱艹昙
上入●輟啜歠餟輟諁棳撮嘬
下平●全銓⿰目全詮恮⿴囗全筌
下上●嫙
下去●串昇
下入●褱
喜上平●歡番蕃幡欢
上上●反返⿰車反饭仮
上去●奐換煥渙喚瑍
上入●發⿱业发発髮
下平●⿰木頁桓環垣樊還斫
●繁礬

下上●宦飯梵凣范
下去●⿱𦥑寸
下入●乏罰筏|伐穴姂
●⿰衤伐舑

卷二終

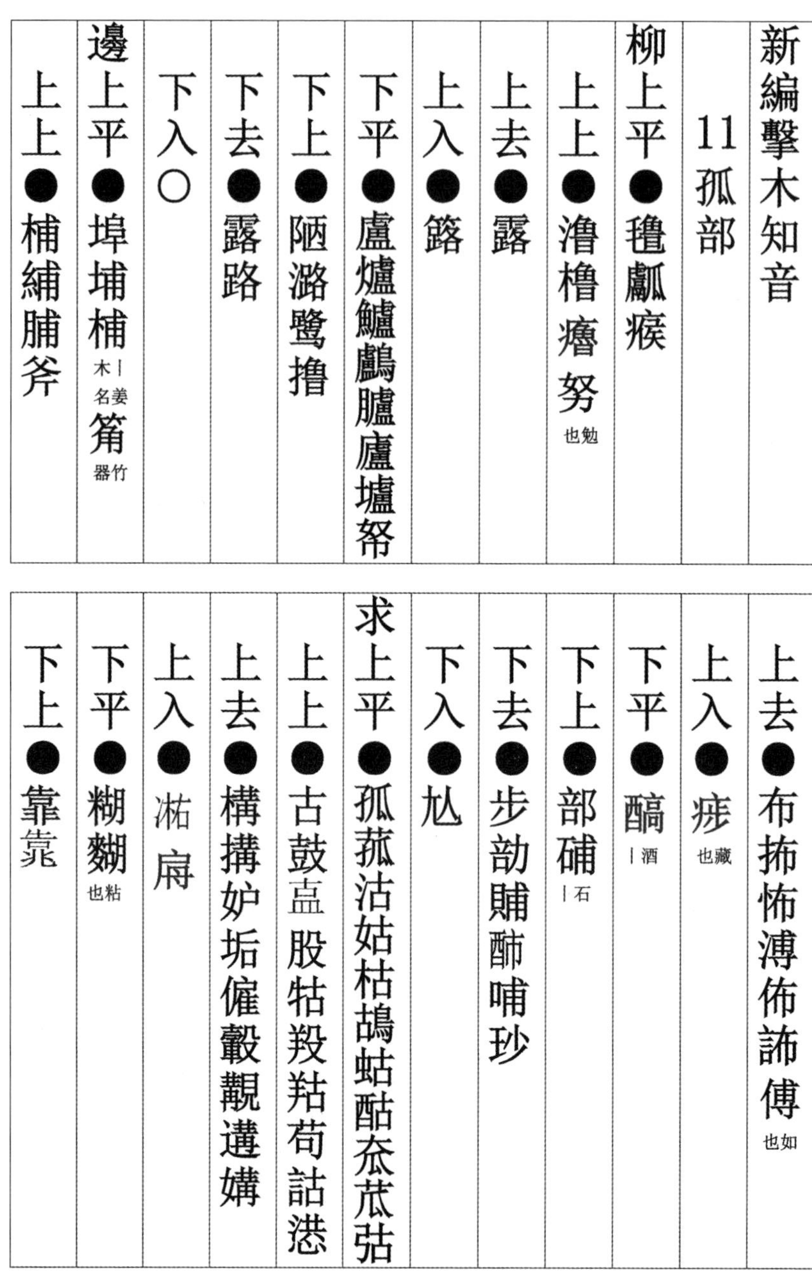

新編擊木知音

11孤部

柳上平●氇𤬪瘊

上上●澛櫓𤸎努勉也

上去●露

上入●簬

下平●盧爐鱸鸕臚廬壚帑

下上●陋潞鷺擼

下去●露路

下入○

邊上平●埠埔𫞩｜姜木名篰竹器

上上●𫞩𦁛脯斧

上去●布抪悑溥佈誧傅如也

上入●𤷒藏也

下平●𨢏酒｜

下上●部𥑮石｜

下去●步勏賻酺哺玅

下入●尬

求上平●孤菰沽姑枯鴣蛄酤夵苽蛄

上上●古鼓盬股牯羖𦍩荷詁湛

上去●構搆妒垢傕轂覯遘媾

上入●淈扂

下平●糊䴯粘也

下上●靠𦼮

	下去	●詁惆怙
	下入	●氿
去	上平	●箍笟圈[illegible]耓[illegible]
	上上	●許苦[illegible]笘竹名
	上去	●庫褲袴叩冦蔻[illegible]
	上入	●[illegible]姓也恝
	下平	●扢[illegible][illegible]
	下上	●[illegible]
	下去	●[illegible]
	下入	○
地	上平	●都闍[illegible][illegible]頣抪[illegible]
	上上	●肚腹賭楮屠鄜枓

	上去	●鬭閗鬪
	上入	●[illegible]筋摺節鳴也
	下平	●厨屠圖畗郚畐
	下上	●杜肚竇豆姐
	下去	●度渡艔鍍
	下入	●[illegible]
頗	上平	●鋪菩麱[illegible]麩[illegible]補圈
	上上	●甫圃浦溥普譜剖
	上去	●舖
	上入	●[illegible]鏞餌也[illegible]
	下平	●菩｜提[illegible]捗誧
	下上	●簿

下去●蔀廍
下入●掤
他 上平●偷媮（丨容苟合）喻（丑阴也）
上上●土圡𣢾黈
上去●吐兔菟
上入●篰篰芔
下平●涂（姓）塗
下上●𩟔
下去●涂
下入○
貞 上平●鄒鄹邹粗諏陬
上上●祖詛走𩬁珇

上去●奏
上入●笮嚼
下平●咀齟
下上●驟撨助甃
下去○
下入○
入 上平●䅟
上上●呐𥈤（田名）
上去●儊（不滑也）
上入●鬇（白兔丨白髮）
下平○
下上●陊陵（登也）

下去○
下入○
時上平●蘇酥搜蒐颼摉甦
上上●叟溲艘瞍傁
上去●瘦素
上入●剢
下平●䅳謏調|
下上○
下去○
下入●嶭
英上平●烏歐甌鷗謳
上上●嘔嫗

上去●塢嗚
上入●堊皇竜
下平●箶湖胡瓳
下上●後逡后
下去●芉篕
下入●𤢿
文上平●𥻘移|瑦
上上●厶某名未定㚤畝牡
上去●沛名地
上入○
下平●牟侔眸布麰
下上●貿

下去●戊
下入○
語上平●琝
上上●午忤伍耦偶藕吘迕髃
上去●䎓謬也
上入●嚄噍貌
下平●吳吳茣蜈
下上●五
下去●悞誤
下入○
出上平●粗麤麄麤屜糞也
上上●楚礎濋

上去●醋凑揍膆
上入●瘯瘡吐出在外也
下平●愁愀恝
下上●蹵阻滯也
下去○　下入○
喜上平●呼芋滹戲
上上●虎否琥虓吼
上去●戽㳷戽上入●霣
下平●侯矦餱翭𧍪鶘狐
●楜昌
下上●雨雨雨翁闔户逅後
下去●候睺　下入●鞪

新編擊木知音

12驕部

柳上平●髎瘷缩也

上上●了究也瞭睛明鄝鄝舠蓼

上去●窷穿也

上入●咶呌

下平●寮聊繚僚遼寥療鷯

下上●竻撩炓

下去●廖料

下入●撟炓

邊上平●鏢標嘌䁃

上上●莩殍表㞡衮標表

上去●裱漂俵褾婦人衣帶賓

上入●襆

下平●嫖𧡏標

下上●殍

下去○

下入●對

求上平●驕嬌娇骄駋

上上●繳嬌噭蹻撟鐓皎徼

上去●叫躋醉窌嘄叫也

上入●蹻脚勪起也蕎譑

下平●橋喬莜玫

下上●撟嘺撬拼

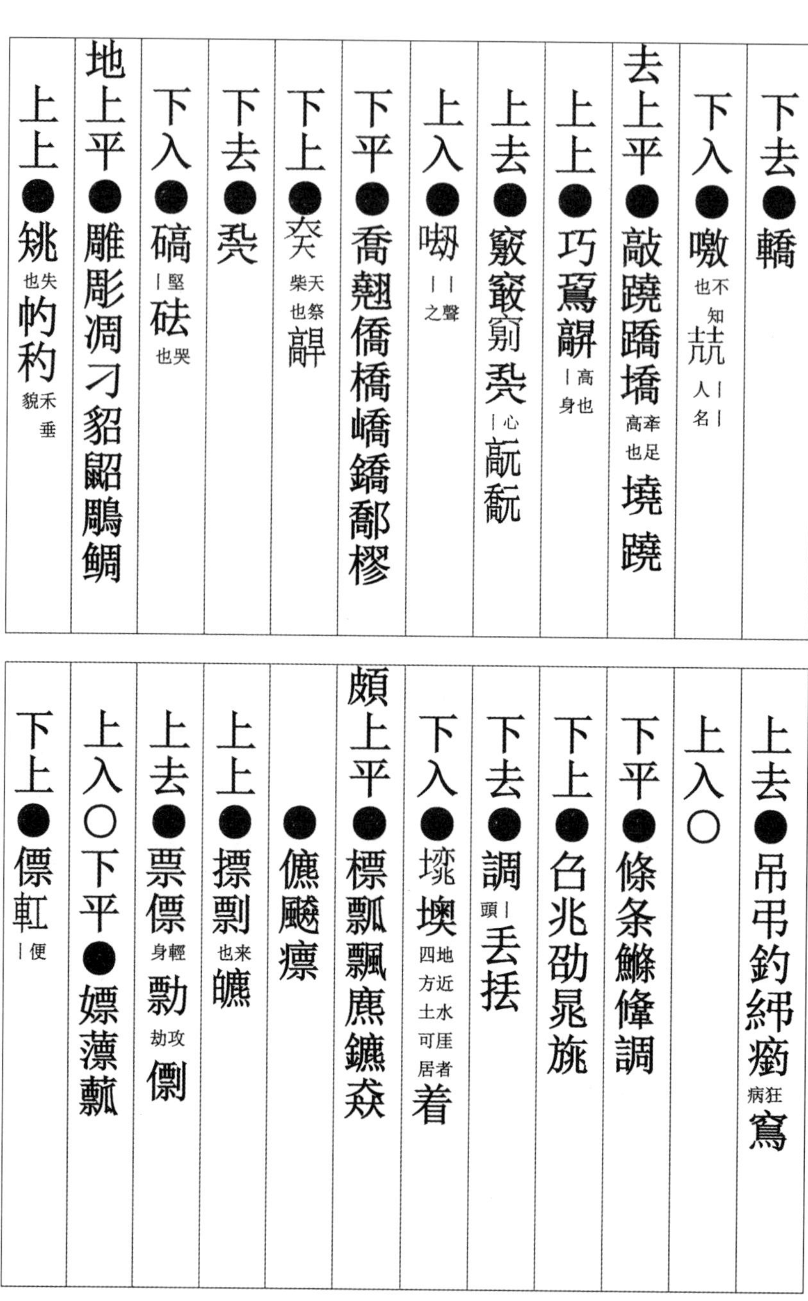

下去●轎

下入●嗷（不知也）犺（｜｜人名）

去上平●敲蹺蹻墧（牵足高也）墝蹺

上上●巧窵髜（高也｜身）

上去●竅竅䆑奃（心｜）䯫䯫

上入●嘐（｜聲｜之）

下平●喬翹僑橋嶠鐈鄗樛

下上●𡘋（天祭柴也）髜

下去●奃

下入●碻（堅｜）砝（哭也）

地上平●雕彫凋刁貂鼦鵰鯛

上上●䂏（失也）𢂷𥝕（禾垂貌）

上去●吊弔釣𥿮瘹（狂病）窵

上入○

下平●條条鰷鞗調

下上●召兆劭晁旐

下去●調（｜頭）丟括

下入●垗墺（地近水厓者四方土可居）着

頻上平●標瓢飄麃鑣猋

●儦飇瘭

上上●摽剽（来也）皫

上去●票僄（輕身）勡（攻劫）僄

上入○下平●嫖薸䕯

下上●僄（便｜）軖

下去〇
下入●墂
他上平●辺挑超弨祧佻挑
上上●窕掉誂嶭
上去●超跳趒颬眺頫
上入●挑
下平●調銚痥
下上●柱
下去●跳　下入●砲
貞上平●昭釗樵招憔焦蕉
●朝鴾鄗
上上●鳥蔦了

上去●詔昭炤醮曌曌（同照）
上入●哳（鳥声）珀
下平●劁
下上●嶕井
下去●醮
下入●㗘嗙（人言）
入上平●嘲軺
上上●爪擾沼杌繞遶
上去●縐絲抓憦皺皱
上入〇
下平●饒嬈繞襓橈鐃鐃橈
下上〇

下去●屎屘屭小便屎
下入●瑵盖头為|形
時上平●霄宵逍簫消傃瀟
上上●小少筱𪍿篠
上去●少|爺肖不|數|目糒府州也
上入●䚾
下平●韶㲘佋精
下上●肖韶卲绍肇
下去●數
下入●怮憂貌孧
英上平●殀幺葽嬲枵
上上●窈砓夭妖短寿

上去●要嚣飫獟
上入●蚴青|
下平●瑶遥摇謡窑陶姚飖
下上●耀曜燿𩗂覞曜明日
下去●䍃要
下入●𨔛𨘱|相隨行𨖈
文上平●滛大水貌
上上●渺缈杳藐眇嫋淼
●窅秒晶
上去●戲不平貌上入〇
下平●苗描䉰
下上●妙竗

下去●廟庙
下入●遒遠也
語上平●貓貁
上上●憢撟捎
上去●獟[illegible]剽削也
上入○
下平●堯垚嶢嶢
下上●獟
下去●剽削也嘵
下入●獢
出上平●鍫鍬𠜾𠝏掉莜
上上●悄俏誚梢

上去●笑咲嘲俲
上入●踍箺
下平●朝｜廷
下上●趙逍 下去●笑
下入●逍立也踿行進涑
喜上平●邀儌徼梟憿僥敫鴞
上上●曉覸覽
上去●嗅叫｜ 上入○
下平●嬓[illegible]婹女不正也孝晶灂
下上●礄衣人名
下去○
下入●詉强事言语

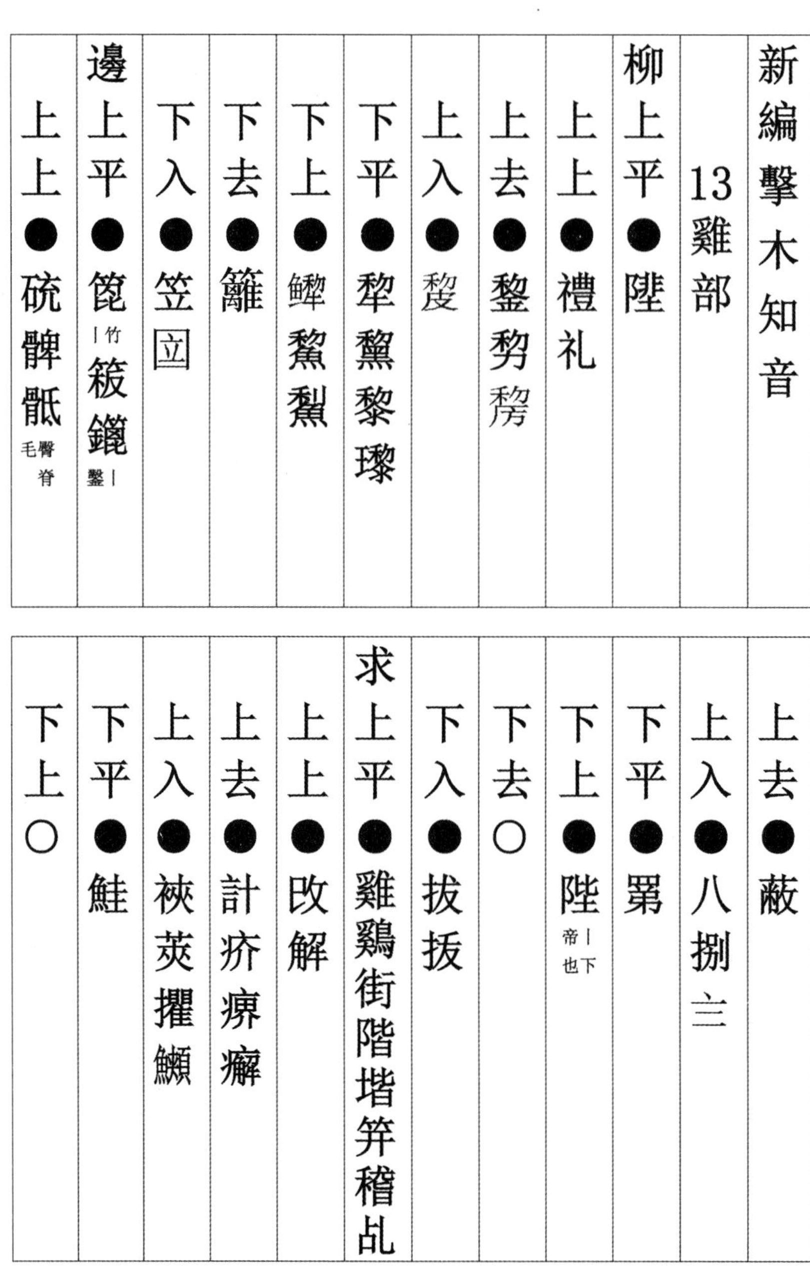

新編擊木知音
13雞部
柳上平●陛
上上●禮礼
上去●盭㔹[illegible]
上入●[illegible]
下平●犂黧黎瓈
下上●[illegible]黧[illegible]
下去●籬
下入●笠𡇙
邊上平●篦竹丨丨鑿[illegible][illegible]
上上●硫髀骶臀脊毛

上去●蔽
上入●八捌三
下平●罤
下上●陛丨下帝也
下去○
下入●拔㧞
求上平●雞鷄街階堦笄稽乩
上上●攺解
上去●計疥瘵[illegible]
上入●裌莢攫[illegible]
下平●鮭
下上○

下去●易
下入●挾䅬挤擠
去上平●谿溪磎嵠㨙
上上●綮
上去●契喫
上入●[石后]碱丨破睯眠精不開
下平●㥴心紧騱
下上●喫
下去○
下入●持
地上平●堤隄埞
上上●底抵𠚕盛物之器

上去●褅楴戴帝缔嚔僀
上入●啄
下平●蹄蹏踶題
下上●第佃
下去●紵
下入●奪
頻上平●批𣧑刻
上上●𨠔口丨髀臀股肉
上去●笓紕芘朩分枲皮也
上入●阰吡山名
下平●膍皮貔貏
下上○

下去●稗 |谷
下入●隗 名人
他上平●釵
上上●體体骵軆躰
上去●代[代]替髢
上入●咤裼
下平●鞮 履革 堤禔 也福 鶗鵜
下上○
下去○
下入●岩
貞上平●嚌臍擠齎
上上●嫭這

上去●結繌 |續 漈嗻
上入●節
下平●齊斉亝蠐臍
下上○
下去●多
下入●截
入上平●懠
上上○
上去○
上入●歡 也痛
下平○
下上○

下去〇
下入〇
時上平●嘶厮[illegible][illegible]樨栖茜
上上●洗
上去●細
上入●塞雪[illegible]
下平●[illegible]
下上〇
下去〇
下入●褯領｜小兒涎衣
英上平●挨[illegible]
上上●矮身｜

上去●挨
上入●[illegible]貖俠肤
下平●鞋講言壯也
下上●會会能也
下去〇
下入●陜隘狹窄笮唷喉声
文上平●榼
上上●買
上去●賣[illegible][illegible]
上入●阫[illegible]
下平〇
下上●袂

下去●賣	下入●詸名人	語上平●囈蜺	上上●閲	上去●藝	上入○	下平●倪猊婗麑伃	下上○	下去●藝蓺羿乂	下入●月秇月仝	出上平●初凄啛	上上●杫紕眦泚

上去●穄搹	上入●切撮	下平●蹓行不能	下上○下去○	下入●犔名人	喜上平●䁯動目睽	上上●眭動目也沵怒	上去●嗘声丨傜	上入●䐎歇	下平●蹊䁯傒徯傜	下上●蟹蠏	下去●褉下入●𧳜賧

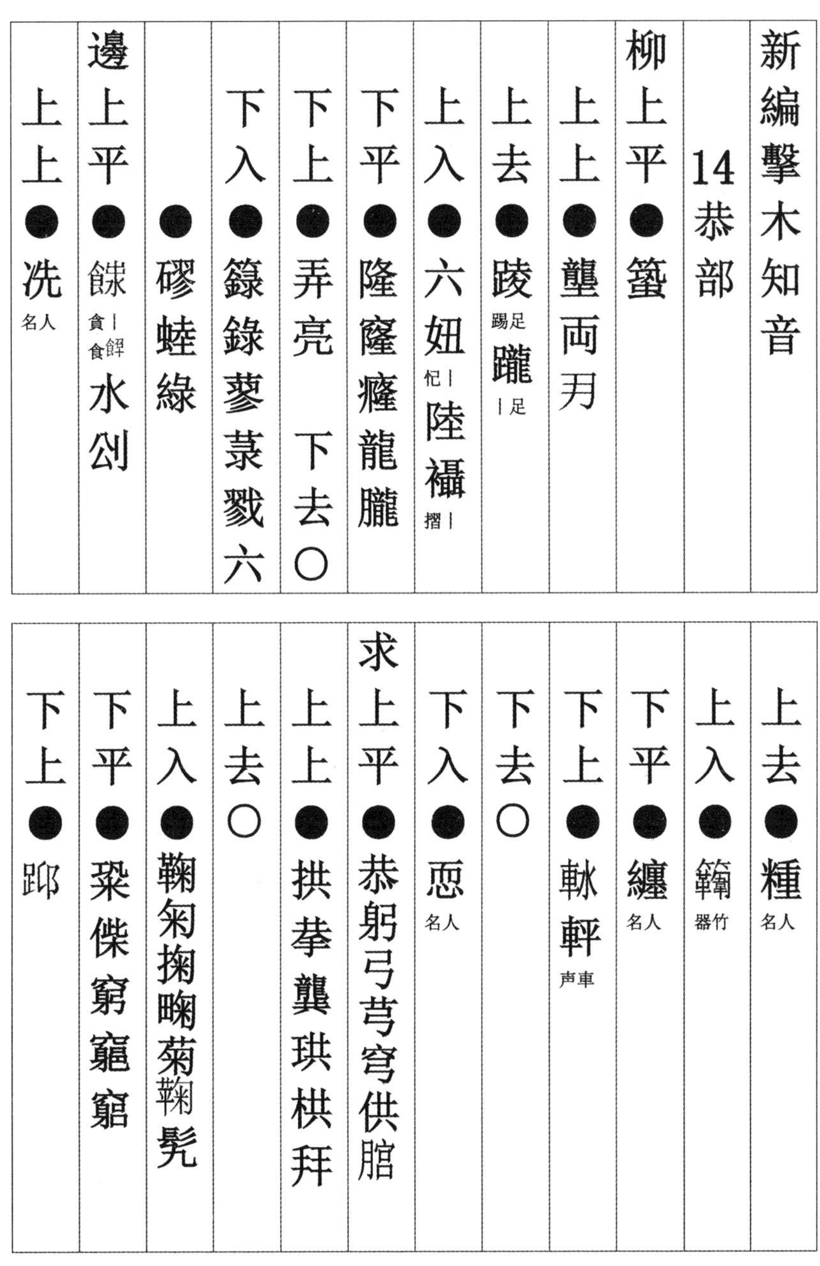

新編擊木知音
14恭部
柳上平●⿱竹蚤
上上●壟両⺝
上去●踜(踢足)躘(丨足)
上入●六妞(忸丨)陸⿰礻畾(摺丨)
下平●隆窿癃龍朧
下上●弄亮 下去○
下入●籙錄蓼菉戮六
●磟⿰虫坴綠
邊上平●⿰食隶(貪丨 食饆)水⿰公刂
上上●冼(名人)

上去●⿰米重(名人)
上入●鎓(器竹)
下平●⿰糹壅(名人)
下上●⿰車冰軯(声車)
下去○
下入●恧(名人)
求上平●恭躬弓芎穹供⿰月宮
上上●拱拲龔珙栱拜
上去○
上入●鞠匊掬⿰日匊菊鞠⿱髟匊
下平●粱傑窮竈⿱穴宮
下上●⿰足邛

下去●共

下入●局跼侷

去上平●蛩人行声銎鞏以皮束物

上上●恐

上去●晇乾口物也佃

上入●克曲苖笛麯麴

下平●窮竆躬䢼蛩穷椢

下上〇

下去〇

下入●匡匣也𠱸人名

地上平●噹哃中忠

上上〇

上去●中

上入●築竹竺督篤斸

下平●重

下上●重仲

下去●中

下入●逐蓫廸軸

頗上平●⿰扌風⿰石宮

上上●抔

上去●偅人名

上入●朴

下平●堸礲人名

下上●諥人名

下去〇
下入〇
他上平●通伀
上上●寵冢塜統
上去●暢
上入●畜蓄
下平●蟲虫爞
下上●種人名
下去〇
下入〇
貞上平●漿舂惷摏終
上上●槳蔣踵腫瘇種

上去●醬衆種偅
上入●足柷祝瘃喌嘱
下平●從从
下上●狀
下去●從
下入●⿰口示咻喌
入上平●餓食不飽也粱
上上●冗宂⿰亻茸
上去〇
上入●摽傉人名⿺走尾趄也
下平●戎狨絨茸戜氄小毛仍
下上〇

下去●軞
下入●辱褥蓐肉
時上平●傷鬆嵩廂箱傯
上上●聳竦傱慫賞想
上去●相像慫
上入●刷夙肅⿰肅阝淑⿺辶足宿蹜
下平●松菘淞傯崧常
下上●想頌訟誦
下去●像
下入●屬俗贖塾
英上平●雍饔邕⿰女邕癰噰瀛灉
上上●勇甬勈俑踴永筩

上去●擁壅⿰土雍詠咏丨吟
上入●欲约悀
下平●蓉塎⿰月容⿰車容嫆榕
●鎔鄘鏞墉傭鱅
●慵
下上●溶⿱穴公盈融佣榮
●瑩熒縈榮嶸
下去●用
下入●浴欲慾育
文上平●旻肱名人
上上〇
上去●雝人名上入〇

下平○　下上●瀧
下去○　下入●鸀
語上平●鈅 金美
上上●喁顒
上去●岇 名山
上入●獄砡[illegible] 名人
下平●卭筇
下上○
下去●岬峠 名山
下入●玉虹鈺獄
出上平●冲鎗充忡衝
上上●槍

上去●唱銃儱 丨斜
上入●捉蹙促擉[illegible]蹴閦屬屓觸
下平●從墻崇
下上●[illegible] 行初　下去●穿
下入●揔 傯 名人
喜上平●凶訩兇酗哅胷胸洶恟兄
上上●响哅 言眾
上去●何[illegible]
上入●旭勗燠郁毓頊昱煜彧
下平●雄[illegible][illegible]
下上●[illegible] 行也
下去●○　下入●歐 名人

新編擊木知音

15高部

柳上平●咾覶（丨縷委曲也）

上上●惱瑙⿰口𡿺裸栳蓏潦

上去●磱⿰言勞躼帑拏

上入●駱

下平●鑼蘿牢騾螺囉㑚懦

下上●老栳二（白音）

下去●栳梛娜耨怒駑

下入●落犖⿰各刂絡

邊上平●波玻坡菠鄱碆僠⿰舟皮

上上●寶宝保堡褓葆寚鸨

上去●報报播（丨田）簸（丨箕）

上入●駁⿰馬卜⿱艹報（人名）

下平●婆

下上●⿰足暴（急行）

下去●⿰足虎

下入●薄箔泊

求上平●高哥哥歌謌膏篙餻羔

上上●槁稿稾縞餜粿

上去●塊凷告過

上入●閣擱⿰忄閣袼胳

下平●笴⿱竹適翗（飛也）

下上●箇⿰口固個个

下去●膏

下入●⿰叕舀（雞兒去壳声）

去 上平●戈珂苛軻科柯蝌

上上●可哿坷（坎丨）舸洘栲

上去●錒錁課

上入●㔓（人名）急

下平●胢（自六也）娿（安少也）⿰齒可

下上●跒砢棵⿱多衣⿰木難

下去●髂

下入●汥（水貌）

地 上平●多⿱艹多哆刀魛侈舠⿱羽日

上上●短倒陊

上去●戴到⿰扌有

上入●卓（姓也）啄桌棹（几丨）

下平●逃迯萄

下上●在惰

下去●袋代帒

下入●擇奪

頗 上平●陂頗

上上●叵尀（丨附）頗跛

上去●粕破

上入●樸⿰米卜粕（糟丨）

下平●婆（公丨）吥（口丨）

下上●抱

下去○
下入●鉋 人名
他 上平●迤拖胎佗 彼也誰也
上上●妥討唾
上去●退蜕
上入●托託仛⿰王乇侂⿰土帍拓
下平●鼉拕
下上○
下去○
下入●駝⿰豸它⿰魚賣
貞 上平●侳傮遭糟醩
上上●左阻 丨滞 棗

上去●做作
上入●怍⿱⺮⿱怍木
下平●槽⿰月曹⿰石曹艚曹
下上●坐助佐⿸鹿力
下去●座
下入●绝
入 上平●貀尻 人名
上上●樏 木名
上去●跢 小兒行也
上入●娕 人名
下平●⿰口卯 人名
下上●⿰氵咎 口食物而言曰丨

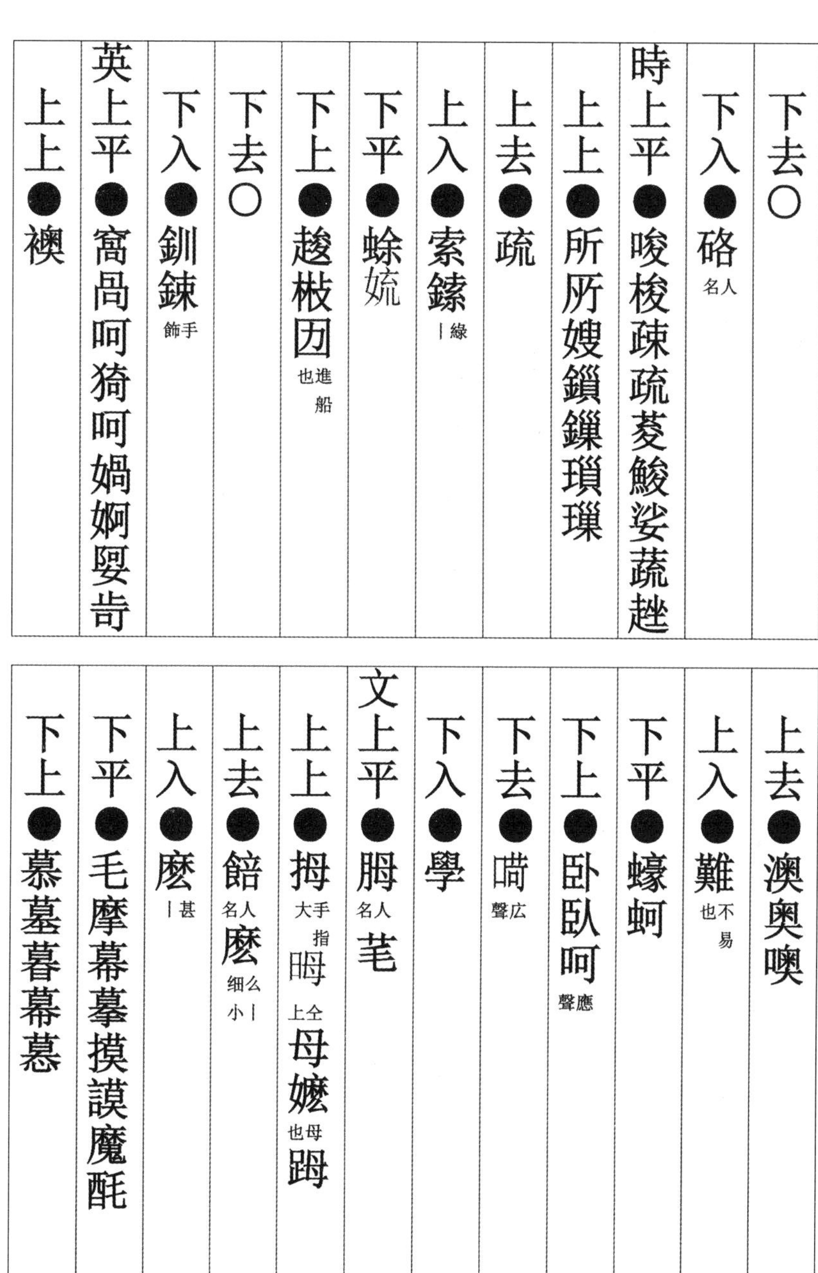

下去〇
下入●硌人名
時上平●唆梭踈疏葰鮻娑蔬趖
上上●所所嫂鎻鏁瑣璅
上去●疏
上入●索鎍綠丨
下平●蜍㟆
下上●趖桗囙進船也
下去〇
下入●釧鍊手飾
英上平●窩咼呵猗呵媧婀嬰嵜
上上●襖

上去●澳奧噢
上入●難不易也
下平●蠔蚵
下上●卧臥呵應聲
下去●啇広聲
下入●學
文上平●䀛人名芼
上上●拇手指大䀛仝上母嬤母也踇
上去●餢人名麼么丨细小
上入●麼甚丨
下平●毛摩幕摹摸謨魔酕
下上●慕墓暮幕慕

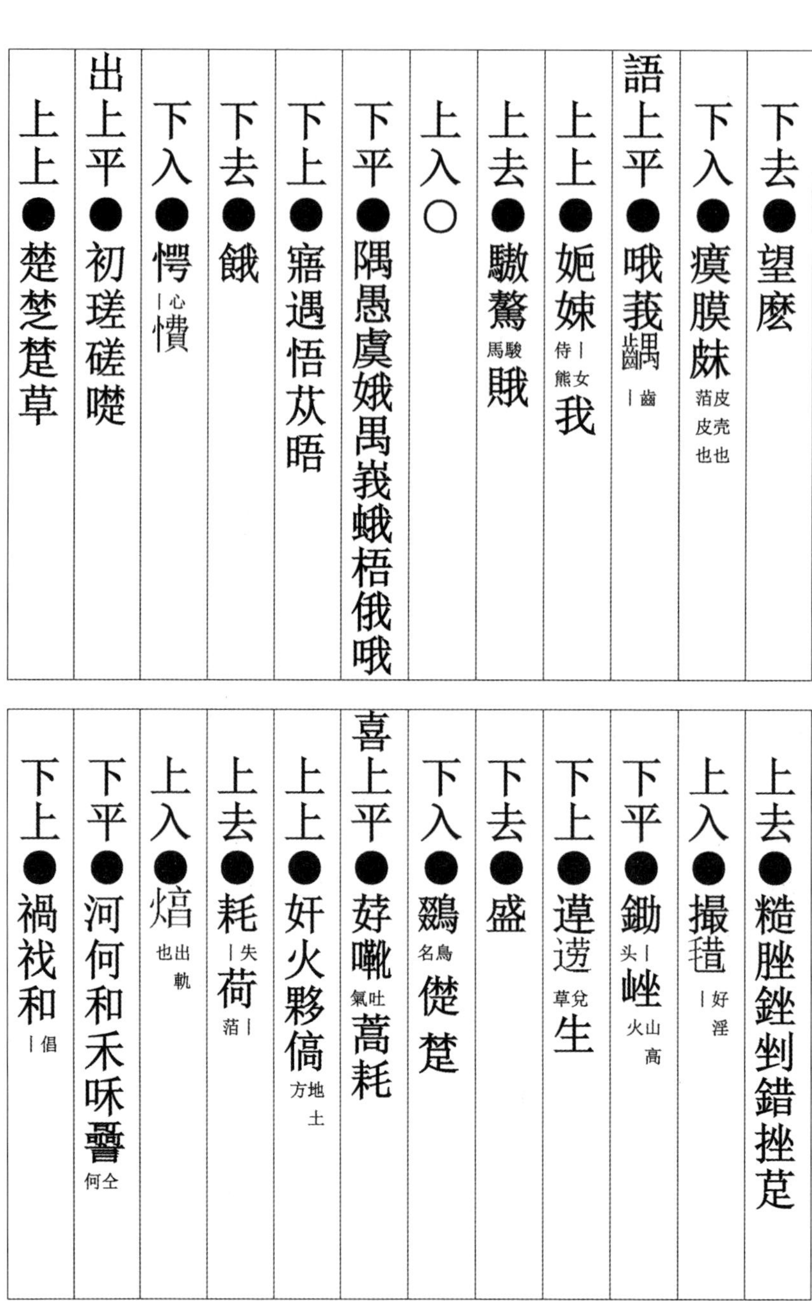

下去●望麽

下入●瘼膜䴲皮壳也菭皮也

語上平●哦莪齵齒|

上上●妸娕|女侍熊我

上去●驁驁駿馬䞩

上入○

下平●隅愚虞娥禺莪蛾梧俄哦

下上●寤遇悟芺晤

下去●餓

下入●愕心|憒

出上平●初瑳磋嗟

上上●楚楚楚草

上去●糙脞銼剉錯挫莝

上入●撮𣯶好淫|

下平●鋤|山高头火㟇

下上●遳𨒹兌草生

下去●盛

下入●鶸鳥名儊楚

喜上平●娐嚱吐氣蒿耗

上上●好火夥偒地土方

上去●耗失|荷|菭

上入●熇出軌也

下平●河何和禾咊譌仝何

下上●禍祸和倡|

下去●賀喜丨號号㴁蝱

下入●鶴隺鶮

卷三終

新編擊木知音

16皆部

柳上平●𪘍丨齒㹻丨使梻

上上●硦磨丨唻声歌奈乃奶鼐

上去●鯠賚騋硋鯠

上入○

下平●來萊睞勑来梨崍郲唻

下上●内賴奈柰廼

下去●俐莉利睞

下入●啓

邊上平●箉丨竹䚡

上上●擺捭襬丨衣罷也停

上去●拜[illegible] 穘捧庍
上入〇
下平●牌排簰大桴
下上〇
下去●敗唄稗
下入●篺竹器
求上平●皆偕喈揩該堦腊湝鍇礣
上上●改解
上去●戒丏介玠价芥屆界匄盖
上入●㕡
下平●個个箇憏怨恨也
下上●𥳑

下去●䉆
下入●恖人名交
去上平●開開鐦[illegible]
上上●愷凱覬楷敳鎧顗塏
上去●概槩慨漑嘅㱸曁
上入〇
下平●齝齒丨
下上●硋石丨
下去〇
下入〇
地上平●檯獃癡也䘓穓秖
上上●歹歺不善滓

上去●岱黛玳㑀貸戴靆

上入○

下平●薹砬抬儓薹（｜笠也）

下上●迨怠逮殆默伏大舵

下去○

下入●軩（車声）

頗

上平●䶔（人名）䶔（山崩）

上上●擎（分開）痱

上去●沛派派湃霈朩

上入○

下平●俳徘

下上●佈（人名）

下去○

下入○

他

上平●篩胎苔鮐箈笞

上上●癩痞痍嚎

上去●泰太汰態儱奀

上入○

下平●刣台臺枱抬擡邰臺

下上●待炭峙

下去●駘

下入●搭

貞

上平●栽災灾裁菑知齋

上上●宰載滓崽（煉｜）窣

上去●儎再載㦲侢

上入○

下平●臍

下上●豸⿰虫豸⿰虫昏廌獬丨在

下去●儎廌

下入○

入 上平●⿰口知⿰骨耎有骨醢也

上上●柴人名

上去●愢動心也

上入○

下平●瑎人名

下上○

下去○

下入●竂杀丨

時 上平●獅西卤腮犀私⿱髟思⿸疒思

上上●屎使史駛⿰亻殺

上去●賽婿壻使曬晒塞

上入○

下平●儕⿰扌犀

下上●柿

下去●⿱宀登檉⿰女呂祀

下入●⿰豸夷

英 上平●哀埃挨唉哾欸

上上●靄藹餲醢矮欸

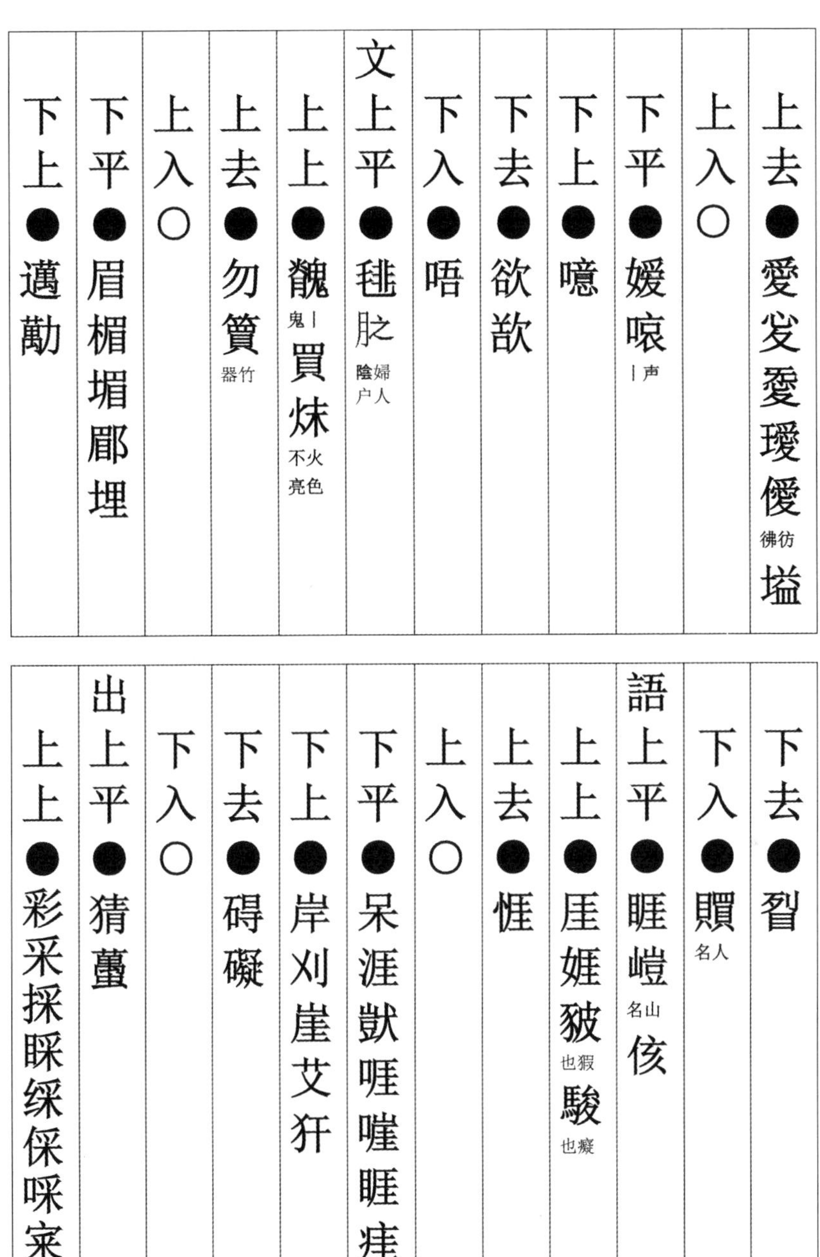

上去●愛𤔠𤅫璦僾(彷佛)塧
上入○
下平●嬡㗒(声丨)
下上●噫
下去●欲歆
文上平●毸𦙶(婦人陰户)
下入●唔
上上●魌(丨鬼)買炑(火色不亮)
上去●勿簣(竹器)
上入○
下平●眉楣堳郿埋
下上●邁勱

下去●習
下入●𧸘(人名)
語上平●睚嵦(山名)侅
上上●厓娾豛(猳也)騃(癡也)
上去●㤥
上入○
下平●呆涯敳啀嘊睚𤵽
下上●岸刈崖艾犴
下去●碍礙
下入○
出上平●猜薹
上上●彩采採睬綵倸啋寀

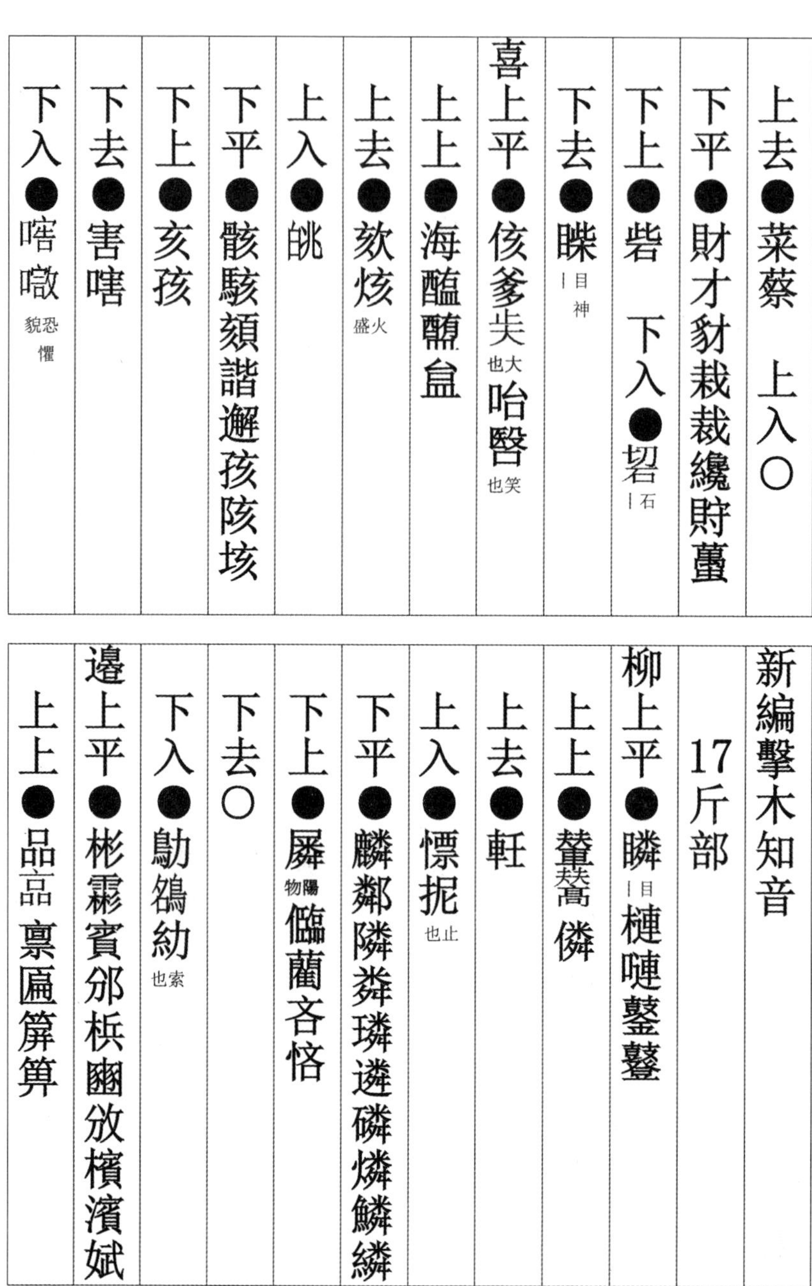

上去●菜蔡　上入○

下平●財才豺裁裁纔財薹

下上●砦　下入●砌 石丨

下去●睞 目神丨

喜上平●侅爹㚊 大也 咍[illegible] 笑也

上上●海醢醢盇

上去●欬烗 火盛

上入●眺

下平●骸駭頦諧邂孩陔垓

下上●亥孩

下去●害嗐

下入●嗐噭 恐懼貌

新編擊木知音

17 斤部

柳上平●瞵 目丨 槤嗹鏨鏨

上上●轔轔 僯

上去●軠

上入●慓抳 止也

下平●麟鄰隣粦璘遴磷燐鱗繗

下上●𡳞 陽物 𠍤藺吝悋

下去○

下入●鳨鴒紡 索也

邊上平●彬霦賓邠梹豳攽檳濱娬

上上●品品 稟匾箳算

上去●嬪[illegible]檳[illegible]偏鬢娦篦遍笓

上入●筆笔[illegible]淖必胇鷩

下平●凭憑嚬屏

下上●娦

下去●便[illegible]

下入●弼畢篳蹕苾嗶佖滿充

求上平●斤巾根跟觔鈞均筋

上上●緊謹槿饉廑巹僅斳

上去●覲絹艮

上入●吉結桔橘揭碣拮姞

下平●[illegible][illegible]

下上●近[illegible][illegible]腱

下去●墐

下入●[illegible]粥厚[illegible]也乾

去上平●輕欦也少

上上●赾螼蚓蚯懇墾[illegible]

上去●[illegible]也走欠

上入●乞芞菜香

下平●勤懃芹[illegible]

下上●[illegible]也人肯

下去●[illegible]

下入●橛芨

地上平●叮顛顚珍玎珰丨

上上●展典輾

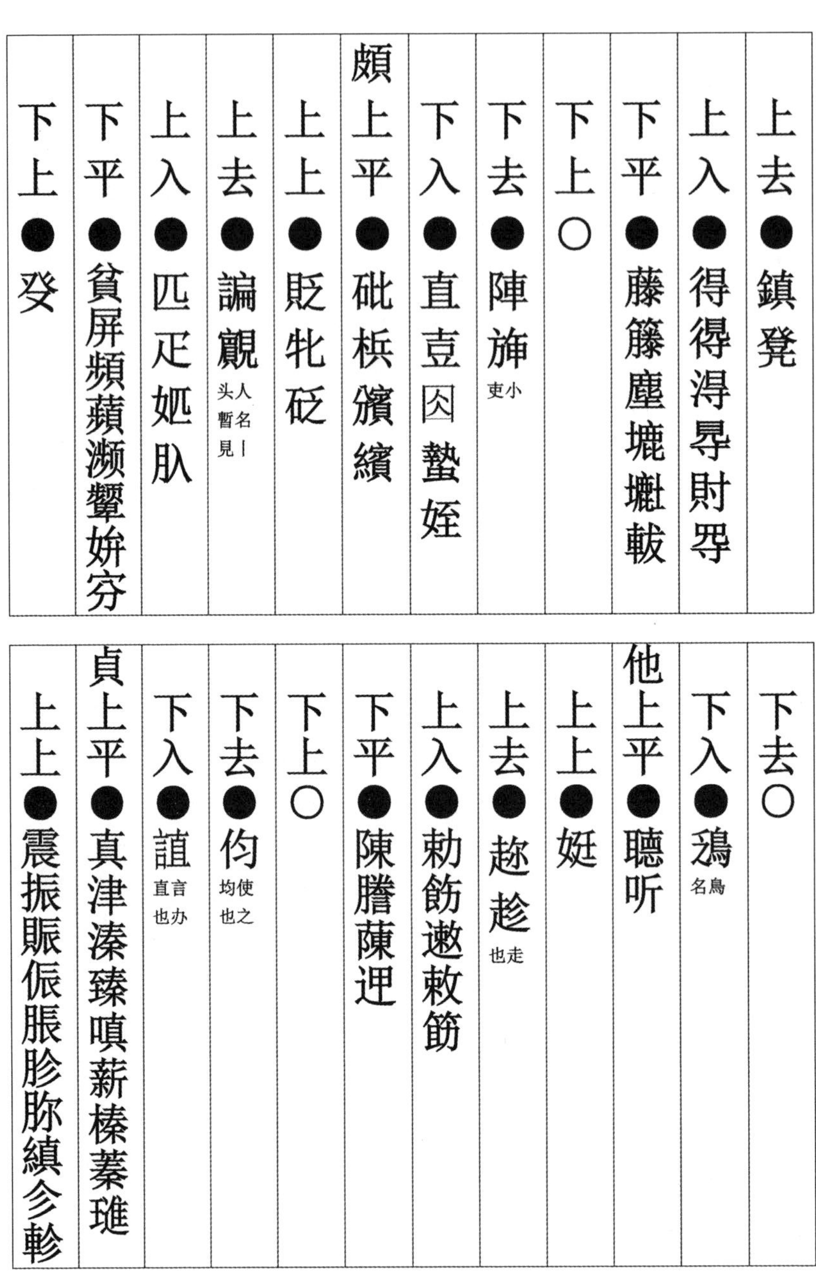

上去●鎮凳
上入●得得淂㝵財罚
下平●藤籐塵墌壏輚
下上〇
下去●陣旃小吏
下入●直壴囟蟄姪
頻上平●玭槟嬪繽
上上●貶牝砭
上去●論觀人名｜头暫見
上入●匹疋妼肌
下平●貧屏頻蘋瀕顰姘穷
下上●癸

下去〇
下入●鳦鳥名
他上平●聽听
上上●娗
上去●趂趁走也
上入●勅飭遫敕筋
下平●陳膡蔯迧
下上〇
下去●伆使之均也
下入●諠言办直也
貞上平●真津溱臻嗔薪榛蓁琎
上上●震振賑侲脤胗胗縝㐱軫

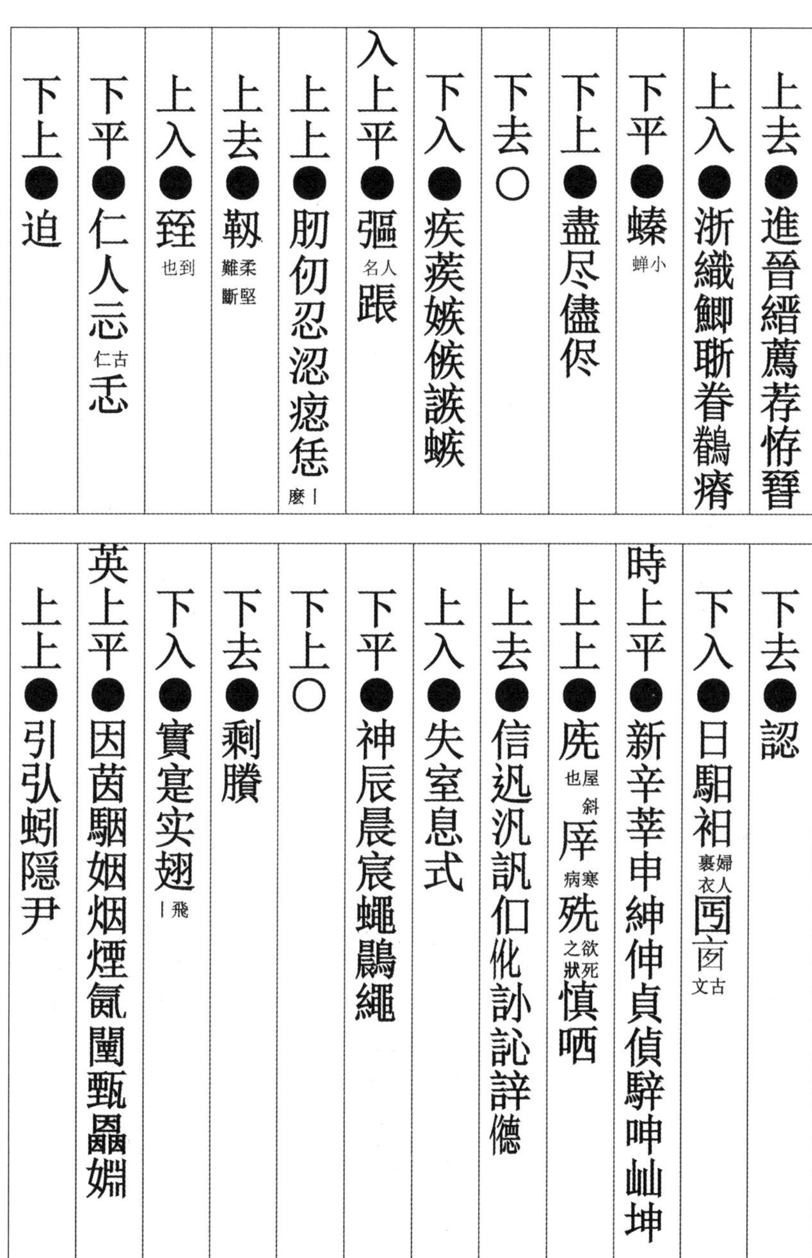

上去●進晉縉薦荐㳘晉
上入●浙織鯽晰脊鶺瘠
下平●螓小蟬
下上●盡尽儘侭
下去〇
下入●疾蒺嫉�
上平●彄人名踉
上上●肕仞忍涊瘛恁丨麼
上去●靭柔堅難斷
上入●𨑨到也
下平●仁人忈古仁忎
下上●迫

下去●認
下入●日馹衵婦人裏衣囸古文
時
上平●新辛莘申紳伸貞偵騂呻屾坤
上上●厗屋斜也庠寒病殑欲死之狀慎哂
上去●信迅汎訊仭佖訬訫誶德
上入●失室息式
下平●神辰晨宸蠅鷐繩
下上〇
下去●剩賸
下入●實寔实翃飛丨
英
上平●因茵駰姻烟煙氤闉甄𪓰嫺
上上●引弘蚓隱尹

上去●印應茚
上入●乙壹乿弌一壹肊
下平●寅演夤鉛沿宊戭
下上●孕媵胤
下去●肩臀
下入●逸佾佚泆軼昳噎颶
文上平●罠鴖
上上●免勉凂刡
上去●抿手丨也
上入●擟打也
下平●民眠岷苠緍泯珉珉
下上●脈

下去●面靣靣
下入●滅覔蔑密峚謐滵寬
語上平●狺垽撎平斗斛也
上上●崀礥大唇
上去○
上入●訖迄仡矻乾玓屹杚
下平●銀硍誾鄞齦沂訔誾
下上○
下去●憖向也謹也
下入●吃
出上平●親嫀嫀親皴
上上●篕小竹請哷笑也

上去●襯櫬秤戥䁐灎冷也

上入●七柒拭亠

下平●臣秦陳恧

下上○ 下去○

下入●食

喜上平●欣昕忻薰動勛熏軒

上上●㾙瘡肉腫起

上去●舋

上入●肸肹瞲肐

下平●痃眩暈

下上●恨

下去●現 下入○

新編擊木知音

18 薑部

柳上平○

上上●両冃兩两㹁魎

上去○

上入○

下平●娘粮糧孃梁樑量

下上●耐

下去●讓饒

下入●略

邊上平○

上上○

上去○

上入○

下平○

下上○

下去●髭

下入●攞

求上平●薑羌姜疆橿蜣蠕

上上●鏹强襁繈

上去○

上入●脚腳

下平●强

下上●强

下去●譬遻语也不轎倞

下入●劇

去上平●腔鞚僵

上上●娸貌乱

上去●咲

上入●挈攱

下平●蜣

下上○

下去○

下入●持壂壂土

地上平●張粻粮

上上●長|家

字頭	聲調	字
	上去	●帳釣脹賬漲
	上入	●着
	下平	●塲
	下上	●文
	下去	○
	下入	●着省
頗	上平	●脝（膨脹腹脹）刖（斫也）
	上上	○
	上去	○
	上入	○
	下平	○
	下上	○

字頭	聲調	字
	下去	○
	下入	○
他	上平	●膷
	上上	○
	上去	●脹
	上入	○
	下平	○
	下上	○
	下去	○
	下入	○
貞	上平	●章漿鱆獐彰麞漳嫜
	上上	●蔣槳掌仉

上去●將醬醬 障嶂
上入●質质
下平●蟞
下上●癢上
下去●上
下入●石
入上平●皾鈌
上上●壤嚷冗
上去〇
上入〇
下平●瀼
下上〇

下去●
下入●箬
時上平●廂箱鑲傷殤湘相緗襄
上上●賞鮝鴨魚||想
上去●相像
上入●屑惜
下平●常償甞尝滒鯧
下上●想
下去●尚|和豫
下入〇
英上平●鴦央
上上●仰

上去○
上入●約
下平●羊楊洋融鎔
下上●枝恙
下去●樣⿰亻羕
下入●藥葯礿
文上平●娆女名
上上●免
上去○
上入○
下平○
下上○

下去○
下入○
語上平●鈃即鈴也
上上●仰
上去○
上入○
下平●⿰山兑
下上○
下去○
下入●虐
出上平●鎗戧鯧菖昌娼閶搶
上上●搶

上去●唱倡

上入●尺雀孔丨舄

下平●墻牆⿰扌嗇颺谷丨

下上●象

下去●匠趟雞脚⿺走虎傭之音

下入●蓆

喜上平●鄉香

上上●享 上去●向嚮

上入●謔 下平●礓

下上○

下去●⿸疒向憂疾稆丨谷

下入●葉蘖

新編擊木知音

19 甘部

柳上平●喃䈒坍枏併持也

上上●覽攬欖揇擥腩

上去●湳畓隶坔丨田灆

上入●凾磖佡㑣寬也⿰臽刂入也

下平●南喃楠男藍襤婪嵐

下上●濫灠灠

下去●皶艦灠

下入●納衲爉訥軜蚋躐擸

簪上平●甜丨古

上上●顑吹丨口

上去〇
上入●甝
下平●谽䜺谽
下上●𦕼人名
下去〇
下入●姶丨名
求上平●甘泔柑疳紺粓邯甘監㤌
上上●感敢橄篏竹器𦪈盖
上去●監鑑鑒艦塶灨
上入●蛤合佮鴿閤頜哈䑪
下平●咁唅莟
下上〇

下去●𩼋
下入●哈
去上平●龕堪嵌嵁戡坩疳拾声
上上●坎斫瞰闞顑欿砍坎
上去●勘𡑱墈盖磡岸干山岩墈險岸
上入●恰闔拾嗑膉郃饁
下平●䵲黄黑色也痷苦病未易安
下上●硆磕
下去●硆
下入●磕盇𨂝
地上平●眈眈湛擔𥄫酖朋
上上●胆膽啗噉啖窞弇

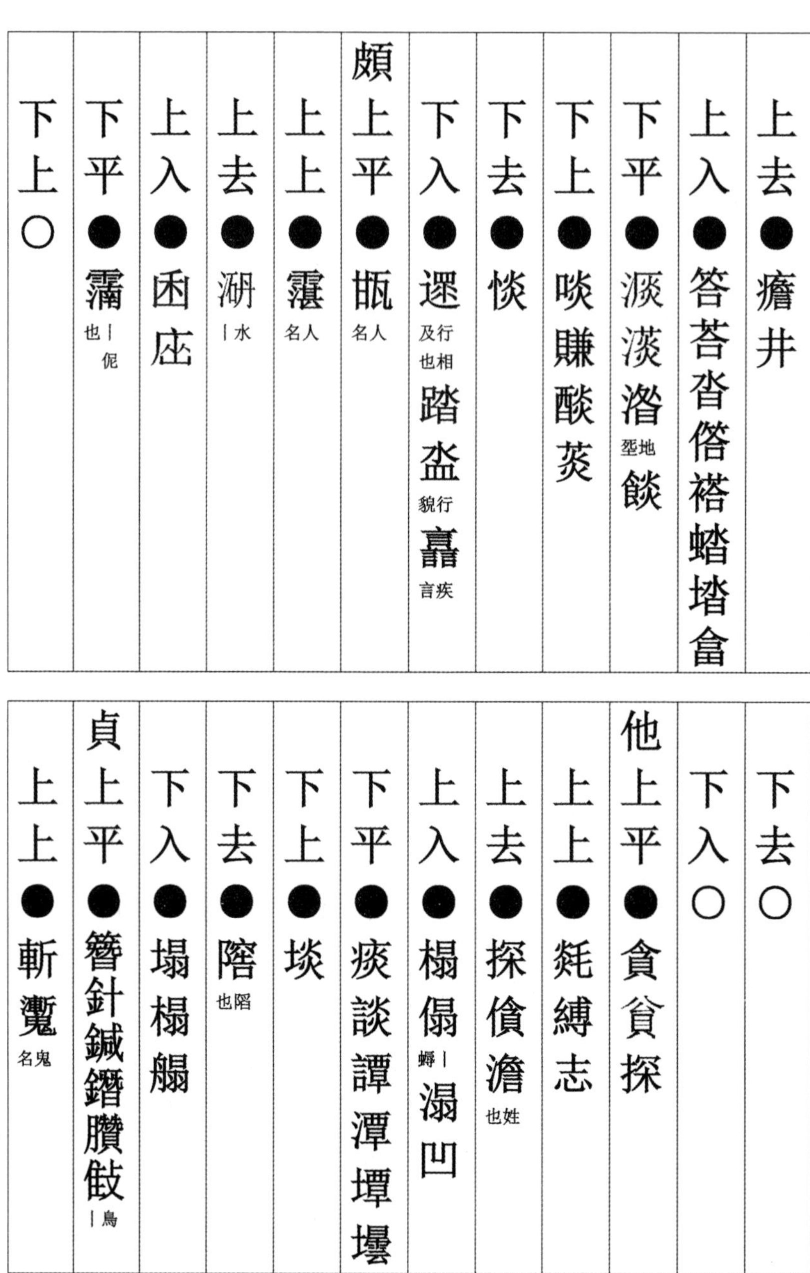

上去●癪井
上入●答荅沓傝褡蜡墖龕
下平●㴔澹潳地垩餤
下上●啖賺醰菼
下去●惔
下入●遝行相及也踏盇行貌譶疾言
頗上平●甋人名
上上●霻人名
上去●㳉水|
上入●圅庅
下平●霨|伲也
下上○

上去○
下入○
他上平●貪貧探
上上●毯縛志
上去●探儋澹姓也
上入●榻傝|[illegible]溻凹
下平●痰談譚潭墰壜
下上●埮
下去●陷陷也
下入●塌榻艡
貞上平●簪針鍼鐕臢戠鳥|
上上●斬魙鬼名

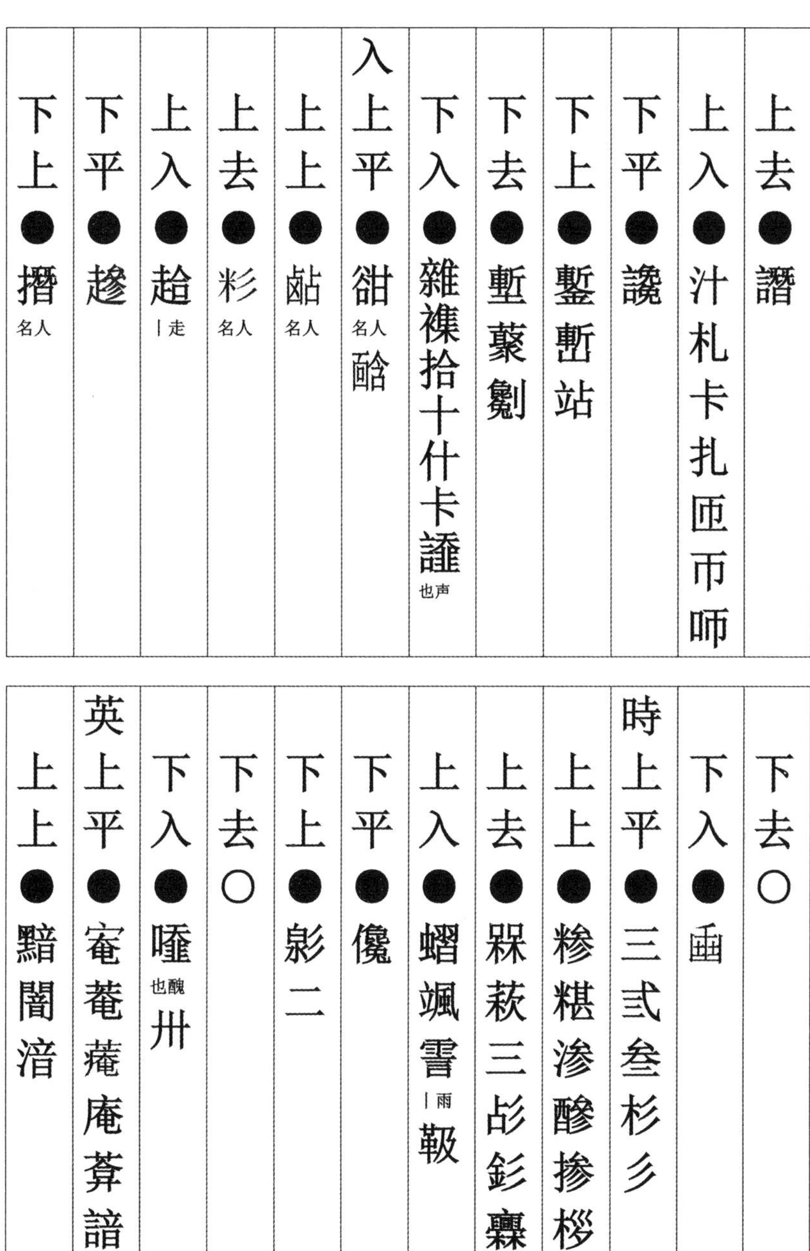

上去●譖
上入●汁札卡扎匝帀咂
下平●譧
下上●鏨暫站
下去●蹔蘸劖
下入●雜襍拾十什卡譅（也声）
入上平●甜（名人）酫
上上●𪉞（名人）
上去●䊉（名人）
上入●趇（丨走）
下平●䟃
下上●搢（名人）

下去○
下入●凾
時上平●三弎叁杉彡
上上●糁糂滲醦摻槮
上去●罧萩三𢒆釤䆄
上入●蝔颯霅（丨雨）靸
下平●儳
下上●影二
下去○
下入●唵（也醜）卅
英上平●奄菴蓭庵葊諳
上上●黯闇湆

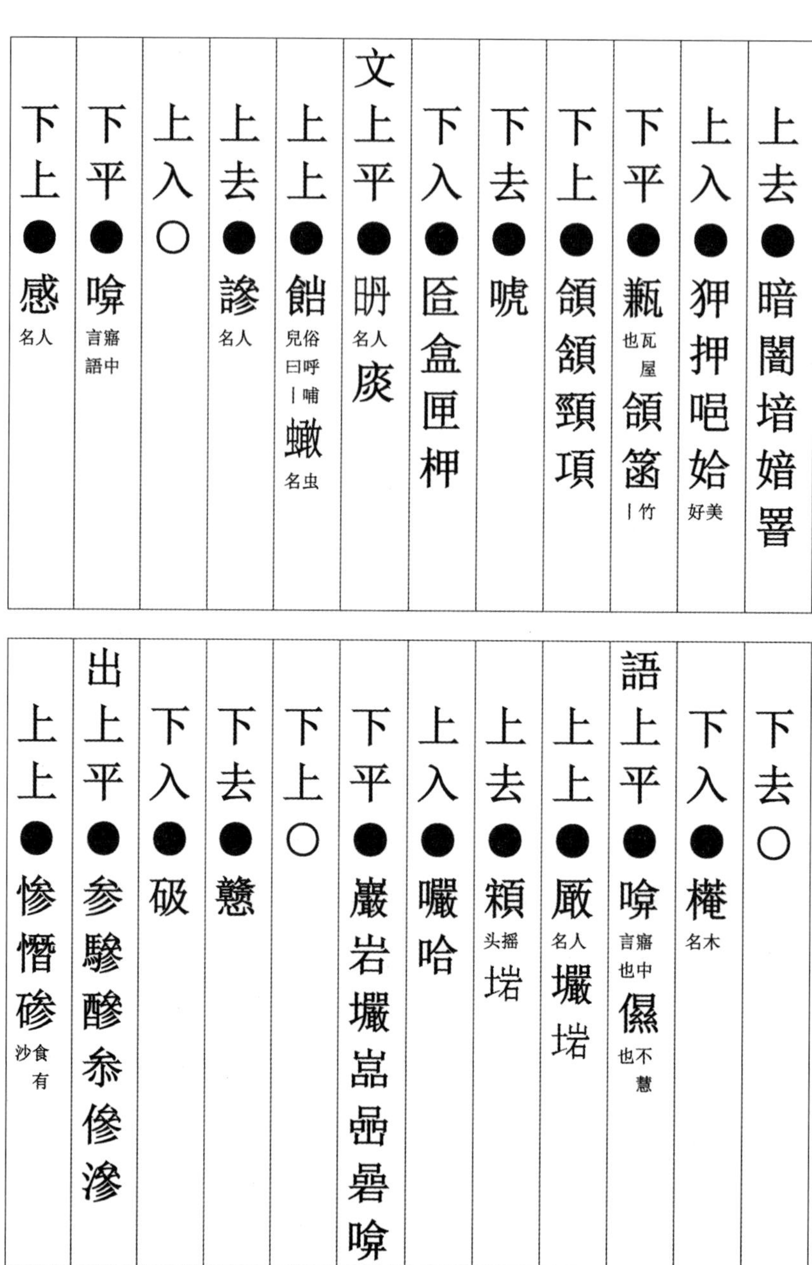

上去●暗闇堷婄罯
上入●狎押唈姶美好
下平●甉瓦屋也頜䈄竹丨
下上●頷頜頸項
下去●唬
下入●匼盒匣柙
文上平●⿰目冄人名⿸广炎
上上●餡俗呼哺兒曰丨⿰虫敢虫名
上去●謲人名
上入○
下平●喑寤中言語
下上●感人名

下去○
下入●權木名
語上平●喑寤中言也儑不慧也
上上●厰人名⿰土嚴⿰土岩
上去●頴搖頭⿰土岩
上入●⿰口嚴哈
下平●巖岩⿰土嚴嵒喦嵒喑
下上○
下去●戇
下入●砐
出上平●参驂醦叅傪滲
上上●慘憯磣食有沙

上去●讖懺塹
上入●剷歃偛插扱雜
下平●讒慙慚嶄毚饞巉
下上●鏩　下去○
下入●磏石多也
喜上平●蚶魽酣邯佄峆憨
上上●撼撖饕嘁噲跆
上去●喊噉譀　上入●呷姶㕎
下平●咸含銜諴腤函涵㟁臥箸
下上●陷憾臽
下去●膽餅中肉啗
下入●合迨

新編擊木知音
20柯部
柳上平●哌引也擊也矬
上上●蘿
上去●瀨水落
上入●烙丨膀㭩捺手丨
下平●籮簩
下上○
下去●賴姓也倚丨捺手按
下入●辣捋埒䍧
邊上平●柭㭼木名人名摟
上上○

上去●播簸	上入●鉢砵盋	下平●撥名木拚命丨	下上●舥	下去○	下入●跌倒丨跋鈸丨僥	求上平●柯歌謌歌敬敨	上上●寡鐹鑧鑏凹	上去●掛䙃褂外衣謋盖	上入●割葛渴捆搋丨打	下平●櫞柯名樹	下上●凹

下去●猻	下入●齇砉名人	去上平●誇夸胯跨刳奤	上上●弔跨步丨銙帶具	上去●挂坔卦跨	上入●澗	下平●姱女美桍名木	下上○	下去○	下入●瀎	地上平●擳名人	上上●炨埵朵磋名石

字母	聲調	標記	字
	上去	●	帶
	上入	●	叱喝裂
	下平	●	沱拕
	下上	●	柁舵
	下去	●	大
	下入	●	圔
頗	上平	●	[波+魚] 蜋丨
	上上	●	頗叵洰
	上去	●	破
	上入	●	潑
	下平	●	婆
	下上	●	[波+衣]

字母	聲調	標記	字
	下去	○	
	下入	●	撥襏拔
他	上平	●	拖扡迤筬 丨布
	上上	●	[口+討] 丨口
	上去	○	
	上入	●	擦獺汏 簡淅
	下平	●	篱 器竹 汏 名陶地
	下上	●	蠆 名虫 搥
	下去	●	涗 洗再
	下入	●	濤 貌水
貞	上平	●	鵽 名鳥 掣 籖丨
	上上	●	紙帋

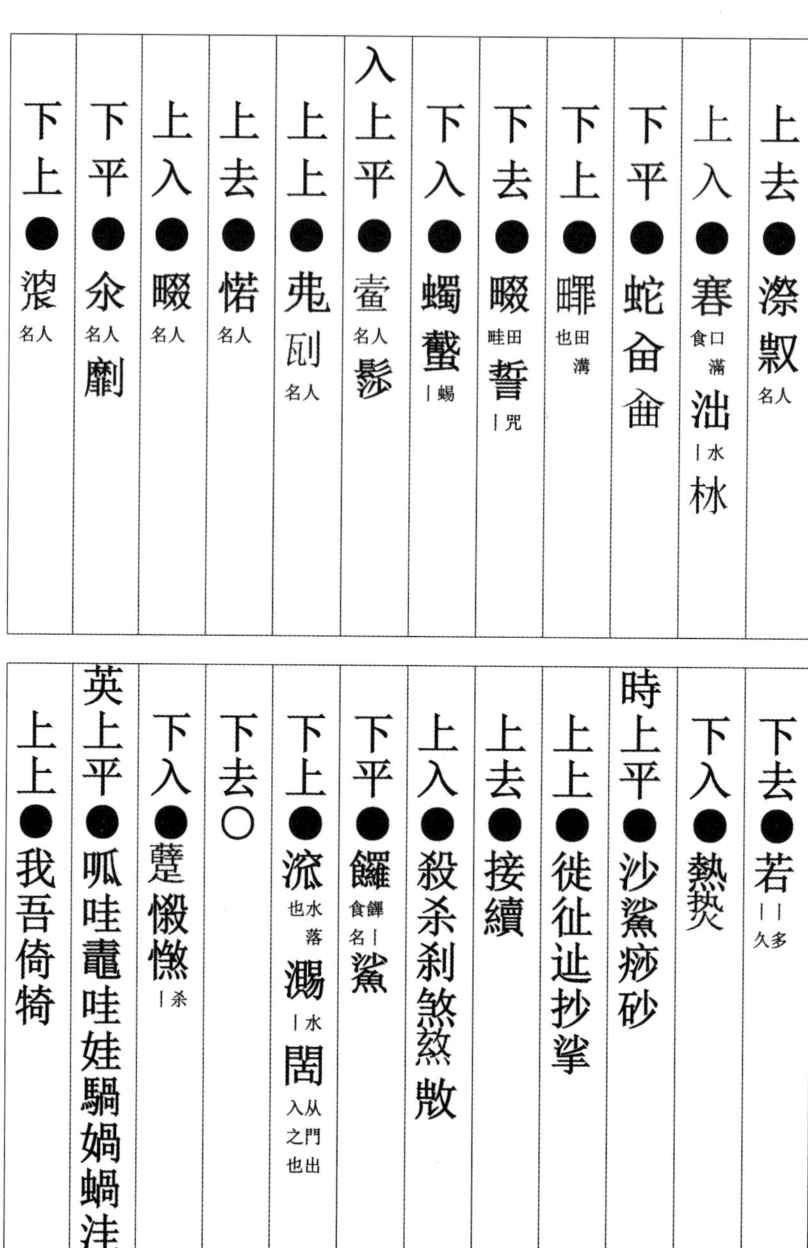

上去●潹叡人名
上入●賽口滿食泄水丨林
下平●蛇畬畬
下上●疁田溝也
下去●啜田畦誓咒丨
下入●蠋蠞蝎丨
入上平●畜人名髟
上上●甩刯人名
上去●惜人名
上入●啜人名
下平●汆人名劘
下上●浿人名

下去●若丨多丨久
下入●熱⿱埶火
時上平●沙鯊痧砂
上上●徙⿰彳止⿺辶止抄挲
上去●接續
上入●殺杀剎煞熬敝
下平●饠饆丨食名鯊
下上●泒水落也湯水丨閜从門出入之也
下去○
下入●⿱林足⿰忄殺⿰忄煞杀丨
英上平●呱哇鼃哇娃騧媧蝸洼
上上●我吾倚犄

上去●⿰氵窊（|水落田）⿰扌窊
上入●⿰月畫（曲粉中也）
下平●⿰瓜刂 瓜（刺也割也）娃（美女）哇（淫声）
下上●⿰口睹 ⿰口虜 哦
下去●話 畫
下入●活 ⿰酉舌
文上平●⿱罒母 練（人名）⿸广要
上上●⿰木免
上去●⿰文攵 佅（人名）
上入●抹
下平●磨（|刀）
下上●⿰窊色（色欺）

下去○
下入●末 袜 蓮（蒼|菜名 厚|菜）
語上平●漥（水流声）⿰糹⿵冂可
上上●我
上去●⿱宀瓦（屋也）
上入○
下平●硪
下上○
下去●外 嚄（大呼）
下入●喝
出上平●髽（髻|喪服）
上上●歪 ⿰糹罕

上去●蔡瀿纔薗

上入●掇撮瘧腹瀉乾奪飯物也聒目動

下平●檛

下上○

下去●孥毛灬相率丨

下入●蔡

喜上平●華嘩譁花苍呱割也灰

上上●夥伙火倮踝觟牝羊角

上去●化咼俰

上入●喝吒

下平●和禾華華雩譁划

下上●禍裀袚祸衬毻

下去●擭捕獸唁丨丨吼

下入●跬趺頍

卷四終

新編擊木知音

21 江部

柳上平●鯧鯽砱（｜石）瀧
上上●曩簍籠朗
上去●攊　上入●喇揦
下平●礱聾难籠蘭闌瀾
●欄榔膿閬廊
下上●弄浪朗艆咔咔筤
下去●倂弄美㙮
下入●六力陸樂抐襟
邊上平●邦幇梆枋崩幫皺
上上●榜綁琫菶
上去●放
上入●腹剝幅北駁
下平●房馮鉼瓶
下上●謗傍棒柈
下去〇　下入●縛
求上平●江岡崗艰釪剛碙剄
●涇矼杠公蚣鏍畕
上上●講鐗港簡
上去●諫
上入●角覺各桷葛結堉鄗
下平〇
下上〇

下去●共
下入○
去 上平●康匡牽空漮蚟軭誆鄺
上上●悾倥慷嗛孔
上去●亢匟伉偘閌埪炕掐
上入●糊尅恪壳殼霍藿
下平●搼看
下上○
下去○
下入○
地 上平●丹中單单冬佟東蕫
上上●董黨党讜壋鐺陡 門丨

上去●旦棟凍當檔
上入●達噠礴篃沰
下平●同筒笭仝銅髗 骨脚丨
下上●重甋蕩盪蛋憚惮宕
下去●洞
下入●達毒鐸
頗 上平●蜂攀
上上●紡
上去●盼胖溢 也小
上入●博
下平●帆篷艂颸龎膨傍旁
下上○

下去●吉
下入●雹爆曝暴
他上平●蟶湯灘攤窓窗牕
上上●桶坦倘儻袒毡
上去●歎嘆亘
上入●撻溷橐撒托
下平●棠堂螳庯弾瓬蟲虫檀桐
下上●動
下去●戙　下入●韦
貞上平●莊罾繒曾鯮棕
●糉鬃揹
上上●攢咯趲盞琖総

上去●壯棕綜贊讚纘
●鑽酇瓚棧
上入●作節莭拶扎沓
下平●欉叢層掙澆
下上●臟濺纏
下去●贈
下入●鱡鰂擉脜餞萬
入上平●豵黱
上上●豻銗
上去●輪　上入●羾
下平●蚝
下上●貶

下去●䁌

下入●韈

時上平●刪珊鬆芟雙双跚姍潸山

上上●產𥻃旛㢆弗瘦揬

上去●送傘丧散霰訕宋

上入●虱蝨𩞁寅揀杀殺煞塞薩

下平●巑

下上●灩

下去●霿

下入●鴪

英上平●安鞍侒㕂翁俺厓鶕

上上●廬𠏿㤿俺

上去●甕侒晏宴案鴳鞥𢥹

上入●抑揠惡悪亜沃渥握

下平●紅洪揘掝

下上●㑶

下去●閥閬｜門窿｜土

下入●笷䨵籰

文上平●㕂娓

上上●挽蟒茧莽

上去●鰻皮脱也甂

上入●巇帥

下平●蠻蛮閩茫芒忙昽髗

下上●網彎

下去●夢㝱梦薨緩蕻
下入●目黚墨木茉䆮冏
語上平●奄昂䏭
上上●眼耩
上去●藒㺜
上入●絮
下平●言垣顔𠹌谽
下上●雁鴈諺彥喭鳶𪎊
下去●㦒
下入●岳狱噩鱷咢鄂鰐諤鶚
●愕䳘腭
出上平●潺餐滄葱仝倉蒼鶬

●孱潹聰
上上●鏟鏟剗鬖鬟
上去●創燦璨㶾鬖
上入●察漆膝錯
下平●藏匪殘田牂
下上●棧
下去〇
下入●賊鑿
喜上平●魴鰿䜢彷烘峰
上上●罕焊捍僩瞯䡯旱旰
上去●漢僕熯暵㾮 也腫
上入●瞎豁褐曷涸洫轄壑頞

下平●寒韓杭秔降翰行
下上●限項瀚腎
下去●汗巷衖閈
下入●學礐斆觳

卷五終

新編擊木知音

22 兼部

柳上平●粘黏拈
上上●歛歛蘞昆日晦也
上去●捻 拈物丨
上入●涅揑攝聶鑷
下平●簾廉濂臁鐮鰜慊 奩帘
下上●念悥
下去●唸
下入●粒⿺辶良図手取物
邊上平●⿰黑韱人名
上上●甹人名

上去●闇門|
上入○
下平○
下上●鐱人名
下去○
下入○
求上平●兼蒹縑
上上●減減檢撿
上去●劍劒
上入●刼刦篋頰峽莢郟筴
下平●鹹
下上●傔葠之人

下去○
下入●筴駁
去上平●謙
上上●慊
上去●欠
上入●歉却蹇險也
下平●鍼笘鈐鉗拑
下上●儉約也芡
下去○
下入●跲衱
地上平●沾霑砧鉆覘
上上●點点

上去●店坫坫埝
上入●聑安丨
下平●甜
下上●簟笘
下去○
下入●蝶牒堞諜韘
頗上平●黬人名
上上●⿰黑僉
上去○
上入●殎人名
下平○
下上●点人名

下去○
下入●鰈
他上平●添⿰足忝⿰女忝黇
上上●諂忝⿰言忝
上去●㐁囦
上入●怗帖貼
下平●恬湉光绪君御名鮎多及也
下上●栝⿰木㐁⿰木忝松杜木⿰足直
下去○
下入●謵揲
貞上平●尖詹噡瞻襜占蟾䩇
上上●⿱漸食

上去●佔占
上入●接椄緌緁婕䶊
下平●樎禢潛
下上●漸暫䨻塹槧蔪
下去○
下入●㨗箑洽捷
入上平●髯䯯
上上●冉苒柟姌染
上去●㕂
上入●䫲䫲人名
下平●紃䫇
下上●媣淮南子呼母曰丨

下去○
下入●廿𣮈毛茸也
時上平●森参纖瀸殲纎孅葠
上上●閃陜广覢
上去●瀸瀸水出丨
上入●霎澁濇澀倏嗇儉
下平●暹簷檐尋八尺曰丨蟾
下上●贍贍
下去●暹
下入●燮涉跕鉄瓕
英上平●奄醃淹閹鶴渰腌厭
上上●掩埯揜扊晱

字母	聲調	字
	上去	●厭擫饜醶黶䭲
	上入	●壓擫擪
	下平	●鹽塩櫩
	下上	●擫懨
	下去	●艷豔炎琰㢛焱剡𨢆
	下入	●葉葉偞鍱𩗮曄
文	上平	●黵名人
	上上	●顩名人
	上去	●鼸
	上入	○
	下平	●裂义閔
	下上	○

字母	聲調	字
	下去	○
	下入	●諜
語	上平	●壛𪷽
	上上	●儼玁
	上去	●鈐名人
	上入	●擛碟
	下平	●嚴嚴巖閻
	下上	○
	下去	●驗騐
	下入	●業鄴驜㶒曗蘖
出	上平	●籤簽僉𥻂丨豆
	上上	●鐱花丨鑯

上去●僭偺

上入●妾淁踥竊窃

下平●潛潛

下上●嬱 媚女

下去●潛 下入●惉 心丨

喜上平●膁䭑 香氣臭味 辛

上上●險獫

上去●嫯 人名 哦

上入●協熁 下平●嫌

下上●谿 下去○

下入●協吐脅脇劦俠

●挾狹[illegible]祫

新編擊木知音

23交部

柳上平●膠 乎也 撈佬

上上●荖老潦瑙 馬丨 怒

上去●淋澇 水丨 憦

上入●嚕逯 狗食

下平●勞樓劉遛留流醪

下上●老撓

下去●漏瘺闌鬧

下入●杋 木名

邊上平●色胞勹

上上●保葆堡宝鴇

上去●報跑
上入●皺皱起皮糆米火爆
下平●庖苞炰
下上●鮑鏍暴皰鉋譹
下去○
下入●窅名人
求上平●交皋臯蛟高溝鉤勾郊
上上●狗犬九玖狡皎杲姣
上去●告誥郜珓窖
上入●絞撽䫶餃䃀丨油
下平●猴
下上●厚鮜

下去○
下入●軪丨車㐴
去上平●闔擩㕦
上上●考攷栲口顧
上去●叩哭扣筘
上入●嘁丨口
下平●㦝嫯
下上●皎
下去○
下入●嚳
地上平●逗逗丨兜刀器
上上●島斗禱抖扌乇

上去●到
上入●沰水火丨
下平●投骰俦
下上●道導衜盜蹈纛
下去●荳豆痘䠱脰[illegible]
頗上平●褒抛葆
下入●嚗口丨
上上●跑蹘翢飛也
上去●砲炮爆炰苞庖礮窌
上入○
下平●袍
下上●抱

下去●泡
下入●雹
他上平●韜滔偷慆弢
上上●討[illegible]妥
上去●套套夲透
上入●等竹器
下平●頭头壽
下上○
下去○
下入●[illegible]鞋[illegible]
貞上平●遭糟醩酕笊篙丨
上上●走我[illegible]

上去●奏灶竈𡗶
上入●跿（跳躍）鮥⿱𦥑月担（取也）
下平○
下上●造皂皁悼櫂棹
下去○
下入●⿰口巢（眾声）
入 上平●⿰月鳥（人名）
上上●⿰魚巢
上去●⿱穴可（人名）
上入●⿰豆殳（人名）
下平●⿱杼去（人名）
下上●陗

下去○
下入●杲（人名）
時 上平●䘯慅騷弰颾颮
上上●嫂⿰女叜
上去●掃埽哨嗽嘯瘶
上入●嗍（口｜）
下平●⿱艹⿰耒青
下上○
下去○
下入●⿱艹⿰鬲羽
英 上平●歐甌⿰石區凹
上上●毆嘔坳⿰亻幼⿰金歐

上去●奥澳隩懊托
上入●嘘口開也
下平●喉喉
下上●後逡后
下去○
下入●⿰口⿰亻鳥
文上平●⿸广卯人名⿰毛鳥
上上●卯
上去●帽漊瑁鍪
上入●⿰口貌
下平●茅矛眊髦毛軞蝫蟊
下上●貌戼⿰女卯

下去○
下入●貿
語上平●嘵哠⿰口岢猇肴
上上●⿰口怒
上去○
上入●猇人名咆嗷
下平●爻熬肴餚奡殽
下上●敖傲遨鼇鏊
下去○
下入●樂
出上平●抄鈔勦操募
上上●草艸

上去●操噪燥藻皁殠臭

上入●剾

下平●巢曹躁替

下上●違 丨冗

下去〇 下入●湏

喜上平●枵昊饕鴞虓烋鎬蒿

上上●吼哮髐椃

上去●孝好

上入●髇 骨長满也

下平●毫豪濠壕儫

下上●灝傚俲校效

下去●候 下入●骺 骨丨 吼

新編擊木知音

24 家部

柳上平〇

上上●嘌

上去●嚦

上入●靂䬆

下平●壢䐿𠐏

下上〇

下去〇

下入●歷曆𥸊櫟𧾊𩻙

邊上平●𢹃 丨飯

上上●把挹

上去○
上入●百伯佰栢
下平●杷耙爬鈀筢琶
下上●父爸
下去○
下入●白帛萆苩
求上平●家加迦袈笳伽葭跏茄佳
上上●假[illegible]斝
上去●價架駕稼嫁駕寄
上入●隔格骼膈[illegible]
下平●枷抝
下上●下低坻墲踔踔

下去○
下入●逆搭
去上平●愘
上上●酮
上去●骰骬髂傻
上入●客
下平○
下上○
下去○
下入○
地上平●挓爹皃麦丨 冀丨
上上●短

上去●廬
上入●壓
下平●茶楂
下上○
下去●袋
下入○
頗上平●批
上上●桴
上去●帕
上入●珀碧
下平○
下上●肥 肥丨

下去○
下入●汴汃
他上平●坳 名人 胎
上上●奼
上去●吒
上入●裼
下平○
下上○
下去●蛇鉈
下入●宅厇宨
貞上平●齋斋[illegible]楂罝遮
上上●妅者

上去●債叐摭蔗蹠

上入●昃仄績職戢責簀

下平○

下上●籍藉

下去●寨

下入●⿰氵疌(水名水也)汳(水流不干)

入

上平●捉浞

上上●梓惹

上去○

上入●讀

下平●⿰口脩⿰扌脩

下上○

下去○

下入○

時

上平●紗裟些

上上●寫捨

上去●⿰少刂(刺也)

上入●雭雪

下平●儕

下上○

下去○

下入●⿱雨冊(雨丨)

英

上平●涇

上上●啞瘂瘂也矮

上去●矨
上入●厄阨扼阬
下平●鞋榼
下上●下厦
下去●耶揶擨
下入●⿰羊畫 名人
文上平●椷蜓
上上●猛
上去●夜
上入〇
下平●夜
下上●⿱大乇

下去●駡罵⿰言罵
下入●脉脈衇
語上平●⿰言而
上上〇
上去●呀
上入●拁
下平●牙芽疨衙
下上●迓
下去●釾
下入●犽訝
出上平●差叉奢車硨
上上●扯

上去●厠
上入●策册
下平●査
下上●鈒下去○
下入●偮偲動声
喜上平●嗄靴
上上○上去●吓寔
上入●嚇哧⿰赤見⿱艹赤⿰赤欠
下平●蝦鰕
下上●夏厦
下去●夏舂夏⿱人夏
下入●榽木名

新編擊木知音
25瓜部
柳上平●⿰酉委⿰木𠂢引又擊也
上上●餧飢也餧仝上餒⿰歹妥不正也
上去○
上入●毳大伙也
下平●贏贏
下上○
下去○
下入○
邊上平●杯盃桮飛
上上●⿱尹手丨開

上去●背瘠貝貿丨母輩

上入●咉琲

下平●賠陪倍棓

下上●倍佩裴悖孛狽珮

下去●焙

下入●抜

求上平●瓜蓏

上上●粿䴹菓果碻以石丨之

上去●鬠過过

上入●刮刔郭姓也

下平●殎人名葵丨扇

下上●𧿒丨股稛也

下去○

下入●尘身

去上平●科魁盔蝌萪悝詼

上上●踝

上去●課卦快

上入●闕鈌嚳撻

下平●槐簑痵手足屈

下上○

下去○

下入●爜以火热物火丨

地上平●𤈦溽毛也

上上●𢹂

上去●綴掇

上入●䝐

下平●兊

下上●兊兊

下去○

下入○

頗上平●坏坯澆陶瓦也未烧土器杢秠坽批

上上●俖吥相爭声啡俖不可也琲珠五百枚

上去●配

上入●困睡声

下平●皮

下上●被

下去○

下入●塩芏沸沬

他上平●焻火声頹

上上●褪

上去●退

上入●粯屑也

下平●瘶魋

下上●膕

下去○

下入○

貞上平●癠磓

上上●濕

上去●最嘬贅
上入●⿰扌罪
下平○
下上●罪
下去●⿰衤最 衣｜
下入○
入上平○
上上●汭
上去○
上入●芮
下平●⿰扌芮⿰扌睿
下上●銳睿叡⿰内阝⿱艹⿴囗内鈉

下去○
下入○
時上平●衰縗 丧服
上上●嫂 妖精媿不正也 ｜儡
上去●税帥帨⿰忄摯歳
上入●刷㕞說坑
下平○
下上●涶
下去○
下入○
英上平●鍋隈揋 鄙也 倭 ｜遲 偎 爱也
上上●矮矮

上去●慰尉蔚穢劌[illegible]薉 歲羽

上入●掗摖

下平●䅗半

下上●衛衞

下去●話畫畵[illegible][illegible]

下入●畫劃䱛

文上平●酶 母酒

上上●每尾

上去●未妹

上入●梅

下平●粥粖煤媒䳵梅

●枚脢槑䤂囮

下上●魅昧寐下去●妹

下入●物袜襪

語上平●說

上上○

上去○

上入●玥

下平○

下上○

下去●𤱠 丨甥今作外

下入●月

出上平●吹炊崔

上上●髓膸 䯝

上去●覔
上入●啜歠
下平●箠　下上○
下去●尋覔
下入●粡
喜上平●灰花苍浟
上上●伙火夥 記丨
上去●化貨悔侮晦嵗
上入●血
下平●回囬囘茴迴洄徊痐 腹中長虫
下上●會会　下去○
下入●夙

卷五終

新编擊木知音

26膠部

柳上平●拉 弓丨
上上●拿
上去●晒
上入●撑踏 碓丨
下平●塝哪劳菅
下上●夠拼
下去●捞 沉取也 茂
下入●臘腊蠟蜡蚋獵爉
邊上平●巴粑芭爸吧鈀 兵器
上上●飽靤把

上去●豹埧霸覇嗙壩壩㶚
上入○
下平●琶爬
下上●罷罢
下去●擺欛呷
下入○
求上平●膠茭摎鮫醪鈹胶
上上●絞較疫丨肚
上去●教敎⿰舌吉囼窖滘
上入●甲⿺辶甲珅胛肩丨
下平○
下上●咬齩

下去○
下入○
去上平●脚腳朒
上上●巧豈
上去●扣叩
上入●笚籗取魚具
下平○
下上○
下去○
下入●瘦瘌丨
地上平●礁江中有石乾干也
上上●打

上去●箍罩（捕魚|）
上入●搭
下平●禾
下上●大
下去○
下入●蹹踏
頗上平●胞拋
上上●⿺辶巴
上去●帊帕
上入●打
下平○
下上●泡⿰夂皮（水|也）

下去○
下入○
他上平●他
上上○
上去●扶奓（推開）
上入●塔壒㙗
下平○
下上○
下去○
下入●疊
貞上平●渣嗟罝咱咋摣⿰米乍娜
上上●早昔蚤

聲母	聲調	字
	上去	●詐乍痄蚱舴䡈
	上入	●摣扎擊也
	下平	○
	下上	○
	下去	○
	下入	●柵閳閘閂
入	上平	○
	上上	○
	上去	○
	上入	○
	下平	○
	下上	○

聲母	聲調	字
	下去	○
	下入	○
時	上平	●砂沙
	上上	○
	上去	●[illegible]
	上入	●喀嗃
	下平	○
	下上	○
	下去	○
	下入	●膋煠以湯丨物
英	上平	●阿鴉亞椏樹丨
	上上	●掗抅

	上去	●	謳亞婭丨姻
	上入	●	鴨⿰馬甲⿰鼻甲押
	下平	○	
	下上	○	
	下去	○	
	下入	○	
文	上平	●	吧疤痕迹嘛膜丨肉
	上上	○	
	上去	○	
	上入	●	月
	下平	●	媌娥丨閩人呼妓曰丨痲嘛
	下上	○	

	下去	●	⿸广焉
	下入	○	
語	上平	●	⿰酉交肴
	上上	○	
	上去	●	⿰忄愚
	上入	○	
	下平	●	牙
	下上	●	揶
	下去	●	鬖亂也
	下入	○	
出	上平	●	差槎蹉嗟叉⿰差刂嗏
	上上	●	炒煴

上去●茶
上入●插劄歃
下平●柴查
下上○
下去○
下入○
喜上平●颬開口吐氣嘘吙
上上●喝大笑
上去●孝丨服
上入●瓣花丨㖘大笑
下平●缚
下上○
下去○
下入●合

新編擊木知音

27 龜部

柳上平●汆
上上●魯鹵艪瀂滷櫓屢縷
上去●嘍
上入●肆不行進响
下平●盧臚蘆擄驢炉盧爐
下上●輅賂潞鷺呂
下去●路
下入○
邊上平●蜅螢埔埠屇臀也
上上●捕脯紨斧

上去●富布怖佈沛
上入●抪窋物將出穴
下平●⿰麦包麭炥
下上●部
下去●⿰卵毛⿺毛包伏卵步
下入○
求
上平●龜亀辜駒劬觚孤
上上●嘏蠱盬鼓瞽股牯古久
上去●故顧句固錮灸灼體治病
上入●⿰口牯⿰口乃⿰古欠飲声
下平●俱
下上●舅具懼惧愳㑎颶

下去●舊旧
下入●呴⿰口固鮈
去
上平●區驅邱祛丘摳嶇坵拘
上上●苦罟筈
上去●庫褲
上入●吱
下平●蹲跠雙足小立⿰⻊亏曲徑也
下上●白⿰石白
下去○
下入○
地
上平●蛛蠾鼄誅株都邾闍
上上●睹楮肚

上去●著閗
上入●椊（插丨）靯拄（以杖丨地）
下平●櫉厨躕屠
下上●杜
下去●度渡艔蠹
下入●靯
頗 上平●呼（吹氣聲）鋪
上上●甫圃[骨甫]普譜
上去●鋪
上入●嗽（氣也）誘（詆也）
下平●浮菩葡粰芙芣
下上●簿

下去○
下入○
他 上平●剚（插刀）洙
上上●土
上去●兔吐
上入●呼
下平●途塗涂徒儲躇荼酴
下上○
下去○ 下入●辻[口知]
貞 上平●朱珠殊銖邾諸
●荳蛆茹趄
上上●主祖詛

上去●註注鑄蛀蠹肚疰

上入●嚼吅

下平●鷀鶿䶑

下上●聚住駐祚炷

下去○

下入○

入上平●曘日光也

上上●愈乳茹窳腴

上去●茹𠥱

上入○

下平●儒瑜如俞揄覦

●庾臾腴諛

下上●裕諭

下去○下入○

時上平●需輸需須書舒頭趨

上上●暑杵黍渚曙癙

上去●素訴愬庶絮恕瘐芯

上入●呴

下平●殊緒殳蜍

下上●序竪竪澍敘署竪

下去○　下入●竪豎

英上平●污汙迂吁盂嗚烏

●竽訏杇

上上●禹羽宇詡𡈳

上去●隖塢樗
上入●潭噔嚕（篋中鳴）
下平●吾齬雩
下上●有預
下去○
下入●唔
文上平●娬（吴俗呼母曰丨）
上上●武碔撫鵡侮舞娬肬錢
上去●䟾
上入●躄（跡也）
下平●無蕪廡巫誣毋无橅
下上●務鶩

下去●霧
下入○
語上平●咮（譽丨多言也）
上上●圄
上去●噁
上入○
下平●牛
下上●御
下去○
下入○
出上平●雛趋趨芻粗麤
上上●取娶處麕

上去●厝處䖏趣措

上入●焠（燒劍刀入水｜声）出

下平●徐愁疵

下上●竈

下去○ 下入○

喜上平●夫砆膚敷孚鈇玞俘

上上●府腑俯釜黼

上去●副赴付附祔咐賦傅

上入○

下平●鳧符扶壺胡瑚湖苻

下上●負婦媍附駙扶阜

下去●腐 下入○

新編擊木知音

28 扛部

柳上平●艛（身｜出）

上上●女軟輭臑愞

上去●傛塀趡（｜走）

上入○

下平●郎䯖（肉｜）䕯（籧也）蓈（藷蓈）

下上●旦卯春蛋

下去○

下入○

邊上平●方（姓也）楓（樹名）

上上●本榜

上去●駁
上入○
下平○
下上○
下去○
下入○
求上平●扛缸甌瓬硿根褌(小袴)鋼
上上●卷管
上去●槓貫鑽艮鋼(鐵鍊為丨)絭(佩丨)
上入○
下平○
下上●近

下去○
下入○
去上平●糠穅粇康(姓也)
上上●懇[illegible]
上去●勸匨
上入●乞
下平●勤懃芹
下上○
下去○
下入○
地上平●當当
上上●返轉(丨身)

上去●當頔

上入○

下平●腸長唐塘堂溏

下上●斷丈

下去●段緞

下入○

頗上平●錞鐇

上上○

上去●退水潮返也

上入○

下平○

下上○

下去○

下入○

他上平●湯

上上●⿰骨見

上去●燙⿰嘼欠氉丨毛

上入○

下平●糖餹糃⿰米當

下上○　下去●闛門丨

下入○

貞上平●莊甎塼磚庄賍裝樟

上上○

上去●葬塟鑽攢

上入○
下平●全
下上●呼啫舍
下去●狀藏
下入○
入 上平○
上上○
上去○
上入○
下平○
下上○
下去○

下入○
時 上平●酸桑霜礵孀孫喪废
上上●耍
上去●算蒜𦬁繏（丨緊也）
上入●鬵
下平●甑
下上○
下去○
下入○
英 上平●秧搰（掌擊也）恩
上上●袂姆苡尹
上去●莓䞌

上入○
下平●黄癀磺
下上○
下去○
下入○
文上平○
上上●晚勉菂芶丨断腸草也
上去○
上入●閈
下平●門
下上○
下去●向

下入○
語上平○
上上●皀
上去●靳
上入●矻
下平●銀鄞
下上○
下去○
下入●吃
出上平●村邨瘡艙穿𠿭噴
上上●㖺刺丨
上去●刺䢢走丨筭以竹丨物

上入○

下平●床牀跧

下上○

下去○

下入○

喜上平●方药| 坊里| 荒郊|

上上●吰不悦声

上去○

上入●甂

下平●園园磺硫|

下上●遠

下去●圂㨡|笙 下入○

新編擊木知音

29枝部

柳上平●鸝凤| 哩

上上●理里鯉俚裏礼李

●履娌蠡

上去●劦割| 刿割也 上入●蒂

下平●離漓璃厘黎罹狸

●魑籬樆

下上●利麗蒞痢勵

下去●吏使例筣下入●裂

邊上平●碑卑萆椑箯

上上●比妣毖被仳匕㧙泌

上去●臂庇轡秘泌媲
上入●鷩
下平●脾鈚枇琵
下上●備俻閉婢被潎
●潎狴陛　下去●避
下入●踾倒跌
求上平●枝笄稽飢機箕吱歧
●乩姬基
上上●己紀杞几筥莒
上去●記繼痣僟僪吞
上入●砌嘩也鳴
下平●旂旗棋碁

下上●妓技伎蓟冀檵洎忌
下去●敧　下入●䰻
去上平●欺欹崎敧踦
上上●啟起玘齒萁綮
上去●棄弃気器憩亟
上入●缺
下平●奇其蜞期麒沂芪
●耆騏淇圻騎
下上●柿　下去●忌
下入●臞也瘦癯
地上平●知蜘低
上上●抵底祇砥

上去●螮置致緻㨟智寘帝
上入●滴蒂
下平●池治
下上●弟第娣悌
下去●地埊（古字）治
下入●碟
頗
上平●披破泼鈹
上上●丕鄙否痞富邳嚭
上去●譬屁屭
上入●扁蹁匼合（丨好淫）
下平●皮疲皻詖貔羆
下上●被

下去〇
下入〇
他
上平●攄（舒也）摧
上上●體体軆體骵骵䭾
上去●締觽剃替涕薙拂啼
上入●鉄鐵
下平●啼提持緹褅
下上●痔跱
下去〇
下入●佚（不分离也）
貞
上平●脂胑胑戻腐䐁呶賫
上上●止紫只枳妷指詣咫祉抧

上去●至制製志誌祭霽際済剤
上入●折接摺
下平●糍糍
下上●已舐
下去○
下入●舌
入上平●鰤觭
上上●爾耳
上去○
上入●摺
下平●兒鯢
下上○

下去●字寺二貳餌弍
下入●廿念揑
時上平●塒絲屍司施系尸
上上●死弛始豕屎葸屍
上去●世吉勢勢四肆
上入●薛
下平●時匙辭辤旹塒時
下上●恃侍氏是視豻
下去●誓逝跂示
下入●蝕
英上平●衣於扵依伊于咿
上上●倞椅圍以

上去●意薏憶翳
上入●檍檍
下平●貽怡姨夷移彝詒飴饄
下上●異异裔肆預豫譽
下去●謚縊
下入●脏 猪猪|亦作猪臆也
文上平●𩚨
上上●米靡𩟭美
上去●𨀤
上入●乜
下平●麋縻眉鶥醾
下上●袂寐

下去●味未犮
下入●篾
語上平●㖂
上上●擬議語
上去○
上入●矻
下平●宜儀疑
下上●義毅
下去○
下入●呮
出上平●妻棲凄痴栖蚩鴟媸
上上●齒侈恥耻

上去●試弑莿嚌䣢 味丨	上入●頤 丨頭—	下平●遲墀齊馳箎	下上●市 下去●飼	下入●蝤嚱蠘	喜上平●嬉兮喜熙希禧僖羲欷稀	上上●喜蒠 許鄦	上去●戲熹戱	上入●嗽 嘻	下平●奚傒鱼肋	下上●係繫携嚳	下去〇 下入●炻

新编擊木知音	30鳩部	柳上平●鰍	上上●柳紐珇杻	上去●溜趨罶	上入●雡 名人	下平●流硫琉留瘤蒥	●榴旒媹摺	下上●鑢 下去●鎏	下入〇	邊上平●彪滮驫飍 風大 颩	上上〇

上去●愚
上入●衄
下平●裒
下上○
下去○ 下入○
求上平●鳩勼閄赳叫丮
●繆疘丩
上上●久玖九糾赳羑殧
上去●救究
上入●嚿
下平●毬
下上●柩咎舅

下去●舊旧
下入○
去上平●丘坵鳩蚯尻樛邱
上上●搝
上去●跓貌行䶊
上入●醭
下平●求球逑俅颰峳
下上●餌肍膶
下去○
下入○
地上平●丟抾
上上●紵貯宁杼佇冑

上去●葤

上入●䈙

下平●綢紬籌

下上●紂苧宙晝稻

下去●侍

下入○

頗上平●呼丨吹

上上●[illegible]肐

上去●[illegible]

上入●櫰名牛

下平●浮

下上○

下去○

下入○

他上平●抽椆[illegible]千秋裯錫

上上●丑

上去●簉[illegible][illegible]

上入●[illegible]

下平●疇畤[illegible]籌晝丨

下上○

下去○下入○

貞上平●周賙惆稠週州

●洲舟[illegible]侜徟[illegible]

上上●酒箒

上去●咒呪詈
上入●啁
下平●啾
下上●就鷲
下去○
下入○
入上平●猱玃什種子不知父母
上上●揉蹂|躪
上去●㑶
上入●緧人名
下平●柔鰇葇瑈腬
下上●逌走也

下去○
下入○
時上平●修脩收梳羞饈
上上●守首眥狩
上去●秀宿星|袖岫獸綉繡
上入●[illegible]
下平●泅汆
下上●受受授綬梫盄
下去●壽寿
下入○
英上平●憂憂優凪𢙯䆏
上上●友有酉牖誘卣莠

上去●幼勼 上入●幼粙
下平●由油尤犹遊游蝣
●猷猶郵猶冘
下上●佑右祐賄宥𨳝盇
下去●柚又
下入〇
文上平●𢆶人名
上上〇
上去●埦[illegible]
上入●貁
下平〇
下上〇

下去〇
下入〇
語上平●啦人丨口名
上上●呾
上去●⿱高飛
上入●吽
下平●牛泮芉
下上●吁
下去●⿱高飛高飛也 下入〇
出上平●秋炑穐鬚鞦
●啾湫初
上上●手翠醜

上去●擦臰殠
上入●箛
下平●仇讐讎售酬囚
下上○
下去●樹樹　下入○
喜上平●休幽貅攸悠呦庥咻麀
上上●朽鵂
上去●臭糗嗅
上入●㷋
下平●裘裘
下上○　下去●復覆
下入○　卷六終

新編擊木知音
31官部
柳上平●蠻 虫丨 名語
上上●㘔雩 物丨
上去●㒩
上入○
下平●攔
下上●㶌㶎涎
下去●爛癩鑭糷
下入○
邊上平●搬般瘢
上上●魬坂 名地

上去●半
上入○
下平●盤蹣
下上●⿰𧾷癸
下去○
下入○
求上平●官棺杆肝倌乾干⿱冖村
上上●趕赶寡果
上去●⿰犭齊
上入○
下平●寒⿱寒⺀令
下上●摜衦

下去●汗身液
下入○
去上平●寬髖大骨
上上○
上去●看
上入●潤
下平○
下上○
下去○
下入○
地上平●單単勯
上上●⿰讠?兀｜｜犹迌迌也

上去●旦
上入●叱
下平●壇
下上●惰
下去●弹（丸丨）撣（丨指）
下入〇
頗上平●潘蟠磻
上上〇
上去●判䞟
上入●潑
下平〇
下上●伴

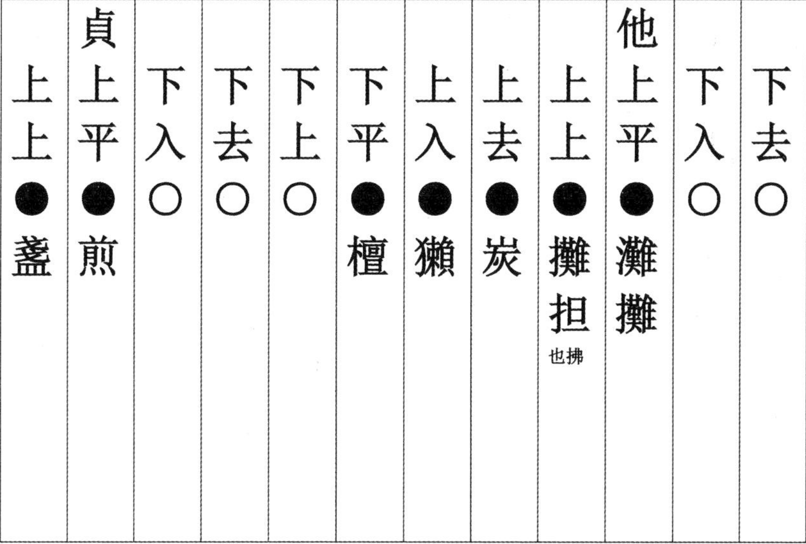
下去〇
下入〇
他上平●灘攤
上上●攤担（也拂）
上去●炭
上入●獺
下平●檀
下上〇
下去〇
下入〇
貞上平●煎
上上●盞

聲母	聲調	例字
	上去	〇
	上入	〇
	下平	●泉
	下上	〇
	下去	●賤
	下入	●蠋蠽蟉也
入	上平	〇
	上上	〇
	上去	〇
	上入	〇
	下平	〇
	下上	〇

聲母	聲調	例字
	下去	〇
	下入	〇
時	上平	●山
	上上	●產[illegible]鏾糤散
	上去	●線散傘[illegible]
	上入	〇
	下平	〇
	下上	〇
	下去	〇
	下入	〇
英	上平	●安鞍垵
	上上	●碗盌椀埦[illegible]

上去●案晏[illegible]閔
上入○
下平○
下上●旱
下去●換易也
下入○
文上平●幔[illegible]
上上●滿[illegible]鏋
上去○
上入○
下平●蔴麻瞞鰻
下上○

下去○
下入○
語上平○
上上○
上去○
上入○
下平○
下上○
下去○
下入○
出上平●笶
上上●杊狗｜木名

上去●拴閂
上入●撮
下平○
下上●蟮⿰魚旋魚之兒
下去○下入○
喜上平●歡欢
上上●纛撊｜洗
上去○上入●喝
下平●軒卷明頖桁橫木也
下上●銲垾
下去●塍⿰土𢍏田｜
下入○

新编擊木知音
32車部
柳上平●⿰𧾷慮
上上●尔汝你爾
上去●攄
上入○
下平●驢
下上●呂閭慮勴⿰金閭
下去○
下入○
邊上平○
上上○

上去○
上入○
下平○
下上○
下去○
下入○
求 上平●車居椐⿸尸巨娓
上上●舉矩擧筥昪
上去●鋸据
上入○
下平●距
下上●巨鉅拒據倨距秬踞

下去○
下入●⿰土於
去 上平○
上上○
上去●去厺
上入○
下平●衢渠瞿氍璖蘧
下上○
下去○
下入○
地 上平●猪豬
上上○

上去●箸筯
上入○
下平●除
下上○
下去○
下入○
頗上平○
上上○
上去○
上入○
下平○
下上○

下去○
下入○
他上平●抹
上上●抒
上去○
上入○
下平●鋤釓
下上○
下去○ 下入○
貞上平●之芝資姿淄書緇
●諮孜恣錙
上上●子梓賫表

上去●滋清
上入○
下平●蓀薯
下上●自
下去○
下入○
入上平○
上上●耳爾邇壐駬
上去●輀胹
上入○
下平●而粫𥬙栭㖇
下上●膩二字

下去○　下入○
時上平●思斯師私緦偲
●揌払蛆
上上●史叓駛使
上去●賜肆泗四三
上入○
下平●詞嗣祠辭辞訇
下上●仕士姒似祀與
●耜耙汜
下去●事　下入○
英上平●于於（音澄）
上上●與

上去●飫翳	上入●淤瘀[illegible]	下平●餘余于與	下上●豫譽預[illegible][illegible]	下去○	下入○	文上平○	上上○	上去○	上入○	下平○	下上○

下去○	下入○	語上平○	上上●語	上去○	上入○	下平●婗唲	下上●禦[illegible]	下去○	下入○	出上平●蛆疽	上上●此泚鼠

上去●次
上入○
下平●慈徐磁茨鴜[illegible]
下上○
下去○
下入○
喜上平●虛墟嘘歔
上上●許滸㖃汻
上去○ 上入○
下平●魚漁臾
下上○
下去○ 下入●嘘

新編擊木知音
33柑部
柳上平○
上上●那拿撐攢攬
上去●攕
上入●䪏
下平○
下上●籃
下去●蹜[illegible]
下入●纜
邊上平○
上上○

- 上去○
- 上入○
- 下平○
- 下上○
- 下去○
- 下入○
- 求 上平●柑
- 上上●敢
- 上去●酵酵
- 上入●甲
- 下平○
- 下上●玪

- 下去○
- 下入○
- 去 上平○
- 上上○
- 上去○
- 上入○
- 下平○
- 下上○
- 下去○
- 下入○
- 地 上平●擔
- 上上●胆膽

上去●咀担
上入●搭
下平●燀
下上●淡擲
下去●差錯
下入●踏
頗
上平○
上上○
上去●冇怕
上入●打
下平○
下上○

下去○
下入○
他
上平○
上上●揭
上去○
上入○
下平○
下上○
下去○
下入○
貞
上平○
上上●擑

上去○	上入○	下平●扨	下上○	下去○	下入○	入上平○	上上○	上去○	上入○	下平○	下上○

下去○	下入○	時上平●衫三弎叁	上上○	上去○	上入○	下平○	下上○	下去○	下入○	英上平●掩	上上○

上去	●艘
上入	●押
下平	●覇
下上	○
下去	●噯飴
下入	●嘁喀唆
文 上平	●姥
上上	●媽碼瑪
上去	○
上入	○
下平	○
下上	○

下去	○
下入	●罵駡
語 上平	○
上上	○
上去	●慿憒
上入	○
下平	○
下上	●啀啝狺
下去	○
下入	○
出 上平	○
上上	○

上去〇
上入〇
下平〇
下上〇
下去〇
下入〇
喜上平〇
上上●噉
上去〇
上入〇
下平〇 下上〇
下去〇 下入〇

新編擊木知音
34更部
柳上平●娰丨婷女肥貌 苧著丨花
上上●冷
上去●擰
上入●拎鞔
下平●玲檸丨布
下上〇
下去●儜夷話相呼之声
下入〇
邊上平●拼丨開怕
上上●把

上去●柄
上入●百
下平●棚平
下上○
下去●病
下入●白帛
求上平●更耕畊賡庚羹經
上上●梗鯁⿰米加
上去●脛逕徑頸桱丨檻
上入●隔膈格骼
下平○
下上○

下去○
下入○
去上平●坑丨山
上上○
上去○
上入●喀声欬
下平○
下上○
下去○
下入●嗄声嗽
地上平●啶⿰骨丁丨脚後
上上○

上去●伲（|試假伪）詐

上入●壓

下平●捏（|落去也）程（俑|）

下上●襟

下去●鄭

下入○

頩 上平●摒（|除也）評

上上○

上去○

上入○

下平●彭膨蟛抨（弹也）

下上○

下去○

下入●雅（|翅）

他 上平●撑（|船）侱

上上●挺

上去○

上入○

下平●畢

下上○

下去○

下入○

貞 上平●爭争⿰車爭

上上●井穽

上去〇
上入〇
下平●晴
下上●靜
下去〇
下入〇
入上平〇
上上〇
上去〇
上入〇
下平〇
下上〇

下去〇
下入〇
時上平●生牲鉎鍟腥（｜魚）𦏁
上上●省
上去●性姓
上入〇
下平〇
下上〇
下去〇
下入〇
英上平●嬰（也孩）
上上〇

上去●嚶
上入○
下平●楹
下上●呀
下去○
下入○
文上平●搣（手丨）
上上●猛（丨捷）
上去●夜
上入●咩（羊声）蛘（草名蚬名）
下平●夜（日丨）盲（青丨）肓
下上○

下去●駡
下入●脉
語上平●諕（言不揚也）
上上●推
上去○
上入○
下平○
下上●硬骾
下去○
下入○
出上平●青菁星曐腥（物未热）
上上●醒

上去○
上入○
下平○
下上○
下去●錚 鑼聲
下入○
喜上平○
上上○
上去●哮 利害聲
上入○
下平●桁 下上○
下去○ 下入●嗄

新编擊木知音
35京部
柳上平●⿰目亭
上上●嶺領
上去●擰向
上入○
下平●⿰魚頁
下上●鈴
下去○
下入○
邊上平●兵氷冰
上上●餅丙

上去●併
上入○
下平●⿰犭少丨字
下上○
下去○
下入○
求上平●京驚經椋金丨木名
上上●仔子
上去●鏡
上入○
下平●行丨路荇地名
下上●件

下去○
下入○
去上平●輕
上上○
上去○
上入○
下平○
下上○
下去○
下入○
地上平●蹬掟椗碇
上上●鼑鼎

上去●椗(旱船)飣掟
上入●摘謫
下平●呈埕呈呈
下上●錠
下去●定定
下入●荻擢糴
頗上平●骿
上上●胼(也井)
上去●聘
上入●僻癖
下平●坪壄堋(丨山)
下上○

下去○
下入○
他上平●廳厛聽听
上上●奵(媌也)艼(丨糊)
上去●痛
上入●折
下平●程呈
下上●𦈈(营结也)
下去○
下入○
貞上平●晶精(妖丨)正
上上●飷(味淡)整瀞

上去●正
上入●隻
下平●成 就丨
下上〇
下去〇
下入〇
入 上平〇
上上〇
上去〇
上入〇
下平〇
下上〇

下去〇
下入〇
時 上平●聲声[illegible]
上上〇
上去●聖
上入●錫削
下平●城 池丨 成 几行丨丨
下上〇
下去●檻籃墭 器盛 盐
下入●席
英 上平●纓
上上●影[illegible]

聲母	聲調	標記	例字
	上去	●	映
	上入	○	
	下平	●	營营嬴
	下上	●	[illegible]揚
	下去	○	
	下入	●	易蝶
文	上平	○	
	上上	○	
	上去	○	
	上入	○	
	下平	●	名
	下上	○	

聲母	聲調	標記	例字
	下去	●	命
	下入	○	
語	上平	○	
	上上	○	
	上去	○	
	上入	○	
	下平	●	迎
	下上	○	
	下去	●	迓
	下入	○	
出	上平	●	礃 也石 筸 丨蔑
	上上	●	請且

上去●倩趌 脚邪立也
上入○
下平○
下上○
下去○ 下入●○
喜上平●兄瘖 鼻孔気之病也
上上●悻
上去●向 上入●○
下平●烆㤚刑邢
下上○
下去●芰𡊑
下入●○ 卷七終

新編擊木知音
36蕉部
柳上平○
上上●眽 目署視也
上去○
上入●看
下平●蝌 小蛙
下上○
下去○
下入●悄
邊上平●標票摽 舥船搶丨
上上●表

上去●裱
上入〇
下平〇
下上〇
下去〇
下入〇
求上平●茄 腔海
上上〇
上去●叫
上入●脚卩
下平●橋茄
下上●藠蕎 丨蕗

下去●轎簥 上仝
下入〇
去上平〇
上上〇
上去●揹徼 丨儌
上入●挠 捦丨 挈
下平〇
下上〇
下去〇
下入●持
地上平〇
上上●長

上去●釣
上入●着拕 來丨出
下平●場潮
下上●趙
下去○
下入●省
頗上平○
上上●泙
上去●票 丨牌
上入○
下平●萍 丨浮
下上●胼膘 丨魚

下去○
下入○
他上平●挑 丨丨火工
上上○
上去●糶粜
上入○
下平○
下上○
下去○
下入○
貞上平●椒招茉蕉
上上●少鮮

上去●照炤醮焦潐盄
●壆壆
上入●借質貭
下平○下上○
下去○
下入●石
入上平○
上上○
上去○
上入○
下平○
下上○

下去●尿屎
下入●[illegible]不申也 [illegible]仝上
時上平●燒[illegible]
上上●小小細
上去●鞘丨刀
上入●惜
下平●韒
下上●邵
下去○
下入●[illegible]丨脚 腫臭齣涷
英上平●腰[illegible]
上上●舀烛丨 扷打也

上去〇
上入●約均（土跡也）
下平●窑陶
下上●摇窟
下去●鷂
下入●藥葯
文上平〇
上上〇
上去〇
上入〇
下平●描鮨
下上〇

下去●廟庙
下入〇
語上平〇
上上〇
上去〇
上入〇
下平〇
下上〇
下去〇
下入〇
出上平●鵃鶹（|雞）
上上〇

上去●笑咲
上入●尺|寸雀孔|哧鵪鴨食[illegible]蚝
下平●蟯汢|
下上○
下去○
下入●蓆席
喜上平○
上上○
上去●呺喝鳥獸也
上入○
下平○下上○
下去○下入●葉

新編擊木知音
37姜部
柳上平●鏡
上上●兩两倆輛魎[illegible]
上去●[illegible]雜也
上入●鷙
下平●良梁粱艰樑粮
●糧[illegible]樑涼
下上●諒亮喨量
下去○下入●略畧
邊上平●氷[illegible]骈
上上●扁[illegible]鈲人名

上去●闟門丨變

上入●圕焀鞭丨鷩

下平●響多言也

下上●忭卞抃乓

下去○

下入●引掩射中之声

求 上平●姜羌疆薑僵韁

上上●橿鏹銀也

上去●殑見

上入●脚腳

下平●强

下上●强響詞不屈㩖

下去○

下入●玃傑杰竭桀

去 上平●鏗羫羊胆腔

上上●颾乱凮遣畎犬硗丨石

上去●㽘嘵兒泣不止擡

上入●躩𨀁痃却怯郄

下平●攫人名

下上●𥇗目病

下去○

下入●壆堅子

地 上平●噹

上上●典

上去●漲悵帳脹

上入●経跌哲胅昳迭桎

下平●蝭蛐蜓

下上○

下去○

下入●姪跌

頗

上平●骿（弓声）扁

上上●弜（弓｜）蹁（｜脚）

上去●閅（人名）Editor

上入●擎弶（弓石｜）

下平●汸（沛也涇也）

下上●匇（相次之貌）

下去○

下入●烨（火声）

他

上平●饕猋

上上●敐（人名）倎

上去●啚畅韔

上入●搉抶（毛｜）徹澈撤

下平●鍴（磨也）填田沺

下上●鐕（｜鎗）

貞

下去○　下入●㢩（弓宏）

上平●章漳彰張璋將

●獐麞

上上●長掌蔣槳

上去●將醬獎障瞕（障內）
上入●酌芍勺妁汋⿰口雀爵
下平●蔣將戕（名人）
下上●丈杖仗
下去○
下入●嚼⿰口畾
入上平●⿰襄皮
上上●嚷壤釀
上去●⿱艹釀（也菜）
上入●逽（名人）
下平●讓
下上●讓

下去○
下入●弱若箬
時上平●廂商湘緗傷觴相
上上●想賞鯗⿰口鯗（丨魚）
上去●相
上入●屑削褻
下平●詳祥庠裳常嫦翔嘗
下上●上尚象橡
下去○
下入●齕（名人）洩絏
英上平●央殃鴦秧
上上●養懩瀁鱶

上去●映
上入●約躍
下平●楊揚陽洋羊佯徉煬
●腸鍚
下上●恙癢漾　下去○
下入●爚藥葯擽
文上平●姎（女名）
上上●鴦鴦敏
上去●餦
上入●踪（足丨）
下平●坔（玉名）
下上●鍚（鼎類）

下去○
下入●耀（人名）
語上平●姸鈃（鈴也）乾（子也）惰
上上●仰
上去●鉠氉
上入●盇
下平●峴峴研
下上●訒（止也）
下去○
下入●虐瘧孽蘖
出上平●昌娼閶菖猖鯧
上上●厰敞氅搶昶（明也）

上去●唱倡錩
上入●鵲鷬雀綽
下平●長腸墻牆檣薔塲嬙
下上●𧾑起肆躅
下去○ 下入●掉
喜上平●香鄉郷薌
上上●響饗嚮响
上去●向餉嚮粡𨞙珦
上入●蝎
下平●絢香日出
下上●恂
下去●現晛 下入●蕝声草

新編擊木知音
38天部
柳上平●乳
上上●彌濔𩸞你苨染
上去●嚒檷
上入●攝聶|目
下平●泥苼年禾尼哖
●坭呢莥呢
下上●泥通不呢莉|木
下去○ 下入●抳
邊上平●邊鞭
上上●扁匾

上去●變
上入○
下平○
下上●辧办辮
下去○
下入○
求上平●鹻用以為粽又浣衣者据稽秸
上上●几已
上去●見記
上入●砌
下平●墘旂旗
下上●妓技

下去○
下入○
去上平○
上上○
上去○
上入○
下平●拎把也
下上○
下去○
下入○
地上平●甜甘味
上上○

上去〇
上入〇
下平●纏
下上●淀滿也[illegible]盈寘
下去〇
下入〇
頗上平●便宜
上上〇
上去●版闆四丨
上入〇
下平〇
下上〇

下去●鼻欳氣出聲
下入〇
他上平●天[illegible][illegible]靔添
上上〇
上去〇
上入〇
下平〇
下上●添
下去●紩縫也[illegible]仝上缝摓
下入〇
貞上平●支毡氊旃榰
上上●稚稺呰茈丨薑

上去●箭矢擠
上入●接折
下平●錢俴彳損丨引也
下上○
下去○
下入●折攢
入上平●○
上上●爾尔
上去○
上入●迺輀
下平○
下上○

下去○
下入○
時上平○
上上○
上去●扇榻
上入●薛
下平●䁺橄欖丨
下上○　下去●豉丨豆
下入●蝕
英上平●寱呼小兒睡
上上●以已矣㠯苢
●苡椅圉

上去●燕鷰⿰魚燕
上入○
下平●圓丸員
下上○
下去●硯院研
下入○
文上平●倉瞑曇
上上●靡鮇
上去○
上入●乜哶鳴羊
下平●麋棉迷⿰酉丏
下上●袂媚謎⿰女迷

下去●⿰麥而麫糆
下入●⿰女迷物
語上平○
上上●擬議
上去●喧⿰齒宜輗
上入○
下平●儀宜霓睨誼麑⿱宀多
下上●義
下去●誼
下入○
出上平●鮮
上上●恥耻侈

上去○
上入●職||啼
下平●搭𢁾
下上●栻木匠畫長短木拭
下去○
下入○
喜上平●誒可惡之甚哼
上上○
上去○ 上入○
下平●絃弦
下上●嚊喘气声耳
下去○ 下入○

新編擊木知音
39光部
柳上平○
上上●暖煖
上去●戀
上入●捋捋閱劣
下平●鑾鸞
下上●亂乱
下去○
下入●劣
邊上平●搬
上上○

上去●半
上入●鉢
下平●姅
下上●叛畔
下去○
下入●跋拔勃渤桲
求上平●光兊觥洸姯
上上●廣耿冋絅爌炅
上去●冠貫灌券
上入●槨廓郭鞹
下平○
下上●侊

下去○
下入●滴泱
去上平●傾肱圈
上上●頃
上去●曠況貺壙
上入●濶擴
下平●狂瓊琼筇
下上○
下去○
下入○
地上平●端
上上●短攙

上去●煆断
上入●輟
下平●摶
下上●篆
下去●段
下入●奪
頗上平●藩蕃磻蟠
上上○
上去●判泮畔沜
上入●潑襏鉢艮丨眔
下平●槃鞶磐盤弁
下上●伴

下去●泮
下入○
他上平○
上上●彖
上去●傳
上入●侻
下平●傳團⿰米耑
下上○
下去○
下入○
貞上平●裝粧妝耑專
上上●轉

	上	去	●	攢
	上	入	●	拙
	下	平	●	泉睙
	下	上	●	饌撰揰從狀
	下	去	○	
	下	入	●	濁蜀擢
入	上	平	○	
	上	上	●	軟
	上	去	○	
	上	入	●	悅
	下	平	○	
	下	上	●	亂

	下	去	○	
	下	入	●	悅
時	上	平	●	喧宣暄
	上	上	●	顈爽選
	上	去	●	潠
	上	入	●	朔
	下	平	●	璿璇旋
	下	上	●	淀
	下	去	○	
	下	入	●	謸
英	上	平	●	汪娷
	上	上	●	往

上去●怨
上入●曰
下平●王蝗隍黄
下上●旺
下去○
下入●獲
文上平○
上上●罔魍妄
上去○
上入○
下平●亡亾忘
下上●望朚

下去○
下入○
语上平○
上上●妧阮翫玩
上去○
上入○
下平●元沅原源黿
下上●愿謜
下去○
下入○
出上平●川穿釧
上上●喘舛

上去●串
上入●撮惙輟啜
下平●全牷銓
下上○
下去○　下入○
喜上平●風荒[illegible]芳慌颪瘋坊謊方
上上●訪晃熀光倣仿
上去●放
上入●發髮
下平●皇防妨惶横璜黌煌蝗隍
下上○　下去○
下入●罰乏穴筏伐

新編擊木知音
40間部
柳上平○
上上●乃奶
上去○
上入○
下平●蓮茘
下上●奈耐耏
下去●楝|苦[illegible]
下入○
邊上平●斑
上上●板版

上去○
上入○
下平○
下上○
下去○
下入●拔
求上平●肩間
上上●繭璽繝醂（酢|面皺也）
上去●間
上入○
下平○
下上○

下去○
下入●挾
去上平●噓（||歡樂之声）
上上○
上去●盖
上入●夾
下平●撜
下上○
下去○
下入○
地上平○
上上●底

上去〇
上入〇
下平〇
下上●第佃
下去●靛殿有
下入〇
頻上平〇
上上●歹
上去〇
上入〇
下平〇
下上〇

下去●辦办棖
下入〇
他上平〇
上上●看
上去〇
上入〇
下平〇
下上●挺
下去〇
下入〇
貞上平〇
上上〇

上去●薦
上入○
下平○
下上○
下去○
下入○
入上平○
上上○
上去○
上入○
下平○
下上○

下去○
下入○
時上平●先
上上○
上去○
上入○
下平○
下上○
下去○
下入○
英上平●⿰糹挨 丨草
上上●眼 丨龍

上去○
上入○
下平●閑閒晩
下上○
下去○
下入○
文 上平●嘪 号俗
上上●買
上去○
上入○
下平●覞 見小
下上○

下去○
下入○
語 上平○
上上●研 米丨
上去○
上入○
下平○
下上●乂艾刈
下去○
下入○
出 上平●千
上上●筅

上去○

上入○

下平●蠶蚕蝅蚤

下上○

下去○　下入○

喜上平○

上上●蜆

上去●莧

上入○

下平●還还

下上○

下去●莧　下入○

附錄通用擊木知音歌字母四十字一字擊一挪如君字一挪家字二挪

君家交金雞	京官皆恭軍	驕干膠堅乖	肩扛更龜柑
公孤兼枝姜	斤車歌光觀	規宮鳩柯江	康加甘瓜薑

十五音一音擊一挪如柳音一挪邊音二挪至喜音十五挪

柳（里）	邊（以）	求（巳）	去（起）	地（抵）	頗（丕）	他（體）	貞（止）
入（耳）	時（始）	英（以）	文（靡）	語（擬）	出（恥）	喜（喜）	

八聲

知豐上平	抵俸上上	帝諷上去	滴福上入	池鴻下平	弟鳳下上	地轟下去	碟或下入